40 Minute

BIBLE STUDIES

40분 G.B.S. 시리즈

6주 프로그램

PRECEPT
MINISTRIES
INTERNATIONAL

FORGIVENESS:
BREAKING THE POWER OF THE PAST

용서

과거의 사슬 끊기

케이 아더 · 데이빗 아더 & BJ 로슨 공저
이선숙 역

KAY ARTHUR
DAVID & BJ LAWSON

프리셉트

용서:

과거의 사슬 끊기

FORGIVENESS:

BREAKING THE POWER OF THE PAST

이 책은 ______________________ 의 소유입니다.

주 소 ______________________

전 화 ______________ 휴대전화 ______________

E-mail ______________________

FORGIVENESS: BREAKING THE POWER OF THE PAST
Published by WaterBrook Press
12265 Oracle Boulevard, Suite 200
Colorado Springs, Colorado 80921
A division of Random House, Inc.

Printed in Seoul, Korea

이 교재를 사용하는 방법

이 소그룹 성경공부는 성경이 말하는 바에 대해 더 배우고 싶어도 제한된 시간 밖에 없는 사람들을 위한 것입니다. 예를 들어, 이 교재는 구역 성경공부 모임, 청년부 조별 모임, 직장에서 점심시간을 이용한 모임, 이른 아침에 모이는 조찬 모임, 가정에서 가지는 엄마들의 모임, 또는 소규모의 성인 주일학교 모임에 적합합니다(또한 이 교재는 긴 시간 동안 모임을 가지는 전형적인 소그룹에도 적합합니다. 저녁 모임이나 토요일 아침 모임 등에서 함께 모여 실제적으로 이 교재를 가지고 공부하는 모임 시간은 40분 정도를 사용하고, 나머지 시간은 기도와 교제 및 기타 활동을 위해 할애하는 것도 좋을 것입니다).

이 교재는 모임의 모든 참석자들이 각 과의 공부 내용을 함께 모여 있는 동안 같이 할 수 있도록 구성되었습니다.

한 가지 주제에 대하여 하나님의 말씀에서 얻은 통찰력을 가지고 함께 토론하면 삶에 지대한 영향을 미치는 흥미진진한 진리가 드러납니다.

그러나 여러분은 모임을 인도할 조장, 즉 토론을 이끌어 나갈 사람을 필요로 할 것입니다(이 사람의 역할은 강사나 교사가 아닙니다. 그러나 이 교재가 주일학교나 그와 유사한 상황에서 사용된다면, 교사는 좀 더 직접적으로 인도하고 각 해당 주일의 과에 제공해 드린 내용보다 더 많은 통찰력을 제공해주면 좋을 것입니다).

만약 여러분이 이 성경공부 모임의 인도자라면 여러분의 역할을 좀 더 쉽게 감당하게 도와주는 몇 가지의 유용한 지침이 여기 있습니다.

- 모임을 인도하기 전에, 해당 과를 잘 살펴보고 본문에 표시를 해두십시오. 이렇게 하면 여러분이 그 과를 잘 숙지하고, 모임을 훨씬 더 쉽게 인도할 수 있게 될 것입니다. 여러분이 중심 단어들을 색연필로 표시한다면, 모임 구성원들이 중심 단어 표시를 어떻게 할 것인지에 대해 본 교재에서 제공한 지침을 따르도록 안내해주기가 좋을 것입니다.
- 여러분이 모임을 인도할 때, 교재 처음부터 시작하여 그 과에 배치된 순서대로 소리내어 읽으십시오. 'INSIGHT'는 과제 지침의 전이나 후에, 혹은 여러분이 관찰하는 중이

나 토론 중에 나타나는데 그것도 나타나는 순서대로 소리내어 읽으면 되겠습니다. 각 과를 다 함께 관찰하고 거기서 배우는 것들을 서로 토론하십시오. 여러분이 성경 본문을 읽을 때 모임 구성원들이 본문에 표시해야 하는 단어를 만나면, 그룹원들 모두 함께 소리내어 그 단어를 합창하라고 하십시오.

- 토론 질문들은 여러분이 그 과의 내용을 이해하는데 도움을 주기 위해 제공해 드린 것입니다. 모임이 토론으로 넘어가게 될 때, 많은 경우 여러분은 그룹원들이 그들 스스로 질문에 대한 답을 이해하고 있다는 사실을 발견하게 될 것입니다. 기억하십시오! 토론 질문은 토론을 경직되게 만드는 것이 아니라, 그 주제 속으로 그룹원들을 인도하기 위하여 주어진 것입니다.
- 사람들이 질문에 대한 해답과 자신이 발견한 사실들을 소리내어 말하는 것이 얼마나 중요한 일인지를 기억하십시오. 이것은 해당 주 내용에 대한 그들의 개인적인 이해를 증진시켜 줍니다. 모든 사람이 매주 토론에 참여할 기회를 많이 가질 수 있도록 노력하십시오.
- 토론이 활발히 진행되게 하십시오. 이것은 공부한 내용 중에서 다른 부분보다 어느 특정 부분에 더 많은 시간을 소비하게 됨을 의미할 수도 있습니다. 필요할 경우, 한 과를 여러 번으로 나누어 진행해도 됩니다. 그러나 너무 여러 번 나누어 진행하는 것은 좋지 않습니다. 사람들이 흥미를 잃어 떨어져 나갈 정도로 지루하게 하는 것보다는 모든 사람이 '조금 더 원하는' 정도로 진행하는 것이 훨씬 좋습니다.
- 만약 어떤 대답이 타당성이나 정확성에 있어서 의문점이 있다면, 여러분은 온유하고 유쾌하게 모인 사람들이 성경 말씀의 진리에 초점을 맞추도록 상기시켜 주어야 할 것입니다. 여러분의 목표는 인간의 철학에 빠져드는 것이 아니라, 성경이 무엇을 말하는지를 배우는 것입니다. 단순하게 성경 말씀에 주의를 기울이고 하나님께 말씀하실 기회를 드리십시오. 하나님의 말씀은 진리입니다(요 17:17). 성경 말씀을 읽으면서 하나님께 모든 사람들에게 해답을 보여달라고 기도하십시오.

FORGIVENESS:
BREAKING THE POWER OF THE PAST

용서

과거의 사슬 끊기

바깥은 매서운 겨울의 냉기로 꽁꽁 얼어붙어 있었고, 교회 안에도 차가운 냉기가 깊숙이 스며들어 있었다. 스무 명 남짓 되는 가족들은, 장례식에 참석하고자 모인 다른 사람들과 섞여 18개의 긴 의자에 뿔뿔이 흩어져 앉아있었다. 장례식이 시작되기를 기다리고 있을 때, 여기저기서 소곤거리는 소리가 들려왔다.

"불쌍한 노인네가 혼자 살았다고 하네요. 존은 일 년에 두 번이상 엄마를 찾아온 적이 없다니 정말 부끄러운 일이에요."

"마를린 숙모가 말해줬나요?"

"아니요. 전 숙모랑 말도 하지 않는 걸요."

"리타는 왜 장례식에 오지 않았을까요?"

"그 애는 엄마의 장례식에 관해 정말 많이 화를 내고 있었어요. 그 후로 가족 중 누구와도 전혀 대화를 하지 않았다네요."

이 가족에게 도대체 무슨 일이 있었던 것일까요? 그들은 사랑하는 사람의 장례식에서도 서로 뿔뿔이 흩어져 앉아, 그곳에 없는 다른 가족에 대해 수군거리고 있습니다. 무엇이 이들을 이렇게 갈라지게 했을까요?

슬프게도 이러한 역기능 가정을 보는 일은 새로운 일도, 드문 일도 아닙니다. 가인과 아벨의 시대로 거슬러 올라가 보면, 용서가 없을 때 수많은 관계들이 파괴되는 것을 볼 수 있습니다. 또한 우리의 가장 깊은 상처는 가족으로부터 올 수 있지만, 용서는 단순히 가족만의 문제는 아닙니다. 용서는 인간의 문제입니다. 우리가 맺고 있는 관계 속에는 용서를 베풀어야 할 때도 있고 용서를 구해야 할 때도 있기 마련입니다.

따라서 이 용서의 문제는 우리 모두의 문제이며, 다음과 같은 수많은 질문들을 동반하게 됩니다.

· 고통이 너무 큰데 어떻게 용서할 수 있을까?
· 복수할까? 자신이 저지른 일에 대한 대가를 치러야하지 않을까?
· 만약 용서하지 않는 쪽을 택한다면, 어떻게 될까?
· 내 과거의 실수를 용서받을 수 있을까?
· 용서는 과거를 잊어야 한다는 의미일까?

우리는 이제부터 이 책을 통해 성경에서 위의 질문들에 대한 답을 찾아보려고 합니다. 여러분은 용서를 통해 영혼이 깨끗해지고 마음이 자유로워지는 경험을 할 뿐만 아니라, 여러분에게 잘못을 저지른 사람을 붙들고 있는 과거의 사슬까지도 끊어버리게 될 것입니다.

또한 이 책을 통해 여러분은 어떻게 해야 여러분의 삶 속에 용서의 능력이 발휘될 수 있을지를 배우게 될 것입니다. 용서의 힘을 통해 고통스럽고 부자유한 상황을 벗어나고, 과거의 고통으로부터 자유하게 될 것입니다.

제 1 과

여러분은 다른 사람 때문에 고통을 당해본 적이 있습니까? 또한 어떻게 그 고통에서 벗어날 수 있을지 궁금합니까?

이번 과에서는 요셉의 삶을 살펴보려고 합니다. 요셉은 이복형제들이 있는 가정에서 태어났습니다. 그는 형들로부터 끔찍한 짓을 당했지만, 과거의 고통스러운 속박을 벗어버리고 자유의 길을 걸어갔습니다. 이제 요셉의 삶에 나타난 고통 · 실망 · 용서의 이야기를 통해 무엇을 배울 수 있을지 알아보겠습니다.

관찰

인도자: *인도자가 창세기 37:1–4을 읽어보십시오. 그룹원들에게 큰 소리로 읽으며, 다음을 하라고 요청하십시오.*

- ***요셉**과 그 대명사에 밑줄을 그으십시오.*
- ***형들**과 그 대명사 및 동의어에 동그라미를 그리십시오.*

함께 공부하는 구성원 모두가 요셉과 그 대명사 그리고 형들과 그 대명사 및 동의어가 나올 때마다 한 목소리로 합창하면서 표시하도록 하십시오.

성경을 읽을 때, 그룹원들에게 표시를 하는 단어를 크게 말하게 하는 것은 도움이 됩니다. 이렇게 하면 모든 사람들이 그 단어와 동의어, 대명사를 하나도 빠짐없이 다 표시할 수 있습니다. 앞으로도 계속해서 이런 방식으로 인도하십시오.

창세기 37:1–4

1야곱이 가나안 땅 곧 그의
아버지가 거류하던 땅에 거
주하였으니

2야곱의 족보는 이러하니라
요셉이 십칠 세의 소년으로
서 그의 형들과 함께 양을
칠 때에 그의 아버지의 아내
들 빌하와 실바의 아들들과
더불어 함께 있었더니 그가
그들의 잘못을 아버지에게
말하더라

3요셉은 노년에 얻은 아들이
므로 이스라엘이 여러 아들
들보다 그를 더 사랑하므로
그를 위하여 채색옷을 지었
더니

4그의 형들이 아버지가 형들
보다 그를 더 사랑함을 보고
그를 미워하여 그에게 편안
하게 말할 수 없었더라

토론

- 요셉에 표시를 하면서 무엇을 알게 되었습니까?

- 요셉과 형들의 관계에 대해서 무엇을 배웠습니까? 아버지와의 관계는 어떠합니까?

창세기 37:5-11

5요셉이 꿈을 꾸고 자기 형
들에게 말하매 그들이 그를
더욱 미워하였더라

6요셉이 그들에게 이르되 청
하건대 내가 꾼 꿈을 들으시오

관찰

인도자: *창세기 37:5-11을 큰 소리로 읽어보십시오. 그리고 그룹원들에게 다음을 하라고 요청하십시오.*

- ***형들**과 그 대명사에 동그라미를 그리십시오.*
- ***꿈**과 그 대명사가 나오면 구름모양*  *을 그리십시오.*

토론

• 요셉의 꿈은 무엇을 암시합니까? 그의 꿈은 현재, 혹은 미래를 보여주고 있습니까?

• 요셉의 형들은 꿈 이야기를 듣고 어떻게 반응합니까? 그들은 꿈을 이해했습니까? 여러분의 대답을 설명해보십시오.

7우리가 밭에서 곡식 단을 묶
더니 내 단은 일어서고 당신
들의 단은 내 단을 둘러서서
절하더이다

8그의 형들이 그에게 이르되
네가 참으로 우리의 왕이 되
겠느냐 참으로 우리를 다스
리게 되겠느냐 하고 그의 꿈
과 그의 말로 말미암아 그를
더욱 미워하더니

9요셉이 다시 꿈을 꾸고 그
의 형들에게 말하여 이르되
내가 또 꿈을 꾼즉 해와 달과
열한 별이 내게 절하더이다
하니라

10그가 그의 꿈을 아버지와
형들에게 말하매 아버지가
그를 꾸짖고 그에게 이르되
네가 꾼 꿈이 무엇이냐 나와
네 어머니와 네 형들이 참으
로 가서 땅에 엎드려 네게 절
하겠느냐

11그의 형들은 시기하되 그의
아버지는 그 말을 간직해 두
었더라

• 요셉의 아버지는 요셉의 두 번째 꿈에 대해 어떻게 반응합니까?

• 11절에 드러난 아버지와 형들의 반응을 비교해보십시오.

창세기 37:18-28

18요셉이 그들에게 가까이 오
기 전에 그들이 요셉을 멀리
서 보고 죽이기를 꾀하여

19서로 이르되 꿈 꾸는 자가
오는도다

관찰

야곱은 세겜에 있는 아들들과 양이 잘 있는지를 알아보기 위해 요셉을 보냈습니다. 요셉은 형들이 자신을 시기하고 미워한다는 것을 알았지만, 아버지의 명령에 순종합니다.

인도자: *창세기 37:18-28을 큰 소리로 읽어보십시오. 그리고 그룹원들에게 다음을 하라고 요청하십시오.*

- ***형들**과 그 대명사 및 동의어(예를 들어, **서로**(one another)와 같은 말)에 동그라미를 그리십시오.*
- ***요셉**과 그 대명사에 밑줄을 그으십시오.*

토론

- 본문은 요셉과 다른 형들과의 관계를 통해 무엇을 드러내고 있습니까?

20자, 그를 죽여 한 구덩이에
던지고 우리가 말하기를 악
한 짐승이 그를 잡아먹었다
하자 그의 꿈이 어떻게 되는
지를 우리가 볼 것이니라 하
는지라

21르우벤이 듣고 요셉을 그들
의 손에서 구원하려 하여 이
르되 우리가 그의 생명은 해
치지 말자

22르우벤이 또 그들에게 이
르되 피를 흘리지 말라 그를
광야 그 구덩이에 던지고 손
을 그에게 대지 말라 하니 이
는 그가 요셉을 그들의 손에
서 구출하여 그의 아버지에
게로 돌려보내려 함이었더라

23요셉이 형들에게 이르매
그의 형들이 요셉의 옷 곧 그
가 입은 채색옷을 벗기고

24그를 잡아 구덩이에 던지
니 그 구덩이는 빈 것이라 그
속에 물이 없었더라

25그들이 앉아 음식을 먹다
가 눈을 들어 본즉 한 무리의
이스마엘 사람들이 길르앗에
서 오는데 그 낙타들에 향품
과 유향과 몰약을 싣고 애굽
으로 내려가는지라

26유다가 자기 형제에게 이
르되 우리가 우리 동생을 죽
이고 그의 피를 덮어둔들 무
엇이 유익할까

27자 그를 이스마엘 사람들에
게 팔고 그에게 우리 손을 대
지 말자 그는 우리의 동생이
요 우리의 혈육이니라 하매
그의 형제들이 청종하였더라

28그 때에 미디안 사람 상인
들이 지나가고 있는지라 형
들이 요셉을 구덩이에서 끌
어올리고 은 이십에 그를 이
스마엘 사람들에게 팔매 그
상인들이 요셉을 데리고 애
굽으로 갔더라

- 18절에서 형들의 질투와 증오는 어떻게 극대화됩니까?

• 요셉이 형들로부터 거부당하고 학대당하는 것을 읽으면서, 혹시 여러분도 이와 비슷한 학대나 증오나 질투를 받았던 경험이 있습니까? 또는 여러분이 아는 사람들 중에 이처럼 가족으로부터 학대를 당한 사람이 있습니까? 만약 있다면, 그렇게 학대를 받아본 사람들의 감정이 어떠했을지 서로 나눠보십시오.

관찰

인도자: *창세기 37:29–36을 큰 소리로 읽어보십시오. 그리고 그룹원들에게 다음을 하라고 요청하십시오.*

- ***요셉****과 그 대명사에 밑줄을 그으십시오.*
- ***형들****과 그 대명사에 동그라미를 그리십시오.*

창세기 37:29–36

29르우벤이 돌아와 구덩이에
이르러 본즉 거기 요셉이 없
는지라 옷을 찢고

30아우들에게로 되돌아와서
이르되 아이가 없도다 나는
어디로 갈까

31그들이 요셉의 옷을 가져다
가 숫염소를 죽여 그 옷을 피
에 적시고

32그의 채색옷을 보내어 그
의 아버지에게로 가지고 가
서 이르기를 우리가 이것을
발견하였으니 아버지 아들의
옷인가 보소서 하매

33아버지가 그것을 알아보고
이르되 내 아들의 옷이라 악
한 짐승이 그를 잡아 먹었도
다 요셉이 분명히 찢겼도다
하고

34자기 옷을 찢고 굵은 베로
허리를 묶고 오래도록 그의
아들을 위하여 애통하니

35그의 모든 자녀가 위로하
되 그가 그 위로를 받지 아니
하여 이르되 내가 슬퍼하며
스올로 내려가 아들에게로
가리라 하고 그의 아버지가
그를 위하여 울었더라

토론

- 본문을 통해 르우벤과 다른 형들에 대해 무엇을 알게 되었습니까? 그들은 어떠했습니까? 그들은 무슨 짓을 하고 있었습니까?

- 그들의 선택은 아버지에게 어떤 영향을 미쳤습니까?

• 요셉에게 무슨 일이 일어났습니까?

• 부모들은 종종 자식들의 행동으로 인해 상처를 받습니다. 여러분이 아는 사람들 중에 혹시 자녀의 행동으로 인해 상처를 받은 부모가 있습니까? 그 이야기를 나눠보십시오.

36그 미디안 사람들은 그를
애굽에서 바로의 신하 친위
대장 보디발에게 팔았더라

창세기 42:1–17

1그 때에 야곱이 애굽에 곡식
이 있음을 보고 아들들에게
이르되 너희는 어찌하여 서
로 바라보고만 있느냐

2야곱이 또 이르되 내가 들은
즉 저 애굽에 곡식이 있다 하
니 너희는 그리로 가서 거기
서 우리를 위하여 사오라 그
러면 우리가 살고 죽지 아니
하리라 하매

3요셉의 형 열 사람이 애굽
에서 곡식을 사려고 내려갔
으나

4야곱이 요셉의 아우 베냐민
은 그의 형들과 함께 보내지
아니하였으니 이는 그의 생
각에 재난이 그에게 미칠까
두려워함이었더라

5이스라엘의 아들들이 양식
사러 간 자 중에 있으니 가나
안 땅에 기근이 있음이라

관찰

요셉이 노예로 팔리고 몇 년이 지난 후, 요셉은 바로의 꿈을 정확하게 해석해주고 있었습니다. 그 내용은 애굽에 7년간 풍년이 있고, 그 후 7년간 흉년이 든다는 것이었습니다. 바로는 한때 노예였던 요셉을 온 애굽을 통치하는 2인자로 세웁니다. 그 후, 수년간 요셉은 방대한 양의 곡식을 창고에 저장합니다. 그리고 7년의 흉년이 시작되자, 요셉은 저장고를 열어 전 지역에 있는 모든 사람들에게 곡식을 팝니다. 이러한 일련의 사건들을 통해 요셉은 형들을 만나게 됩니다. 이때는 형들이 요셉을 배신한 지 20년이 지난 후였습니다.

***인도자:** 창세기 42:1–17을 큰 소리로 읽어보십시오. 그리고 그룹원들에게 다음을 하라고 요청하십시오.*

- ***요셉**과 그 대명사에 밑줄을 그으십시오.*
- ***형들**과 그 대명사 및 동의어(예를 들어, **이스라엘의 아들들(sons of Israel)**이라는 표현)에 동그라미를 그리십시오.*

토론

- 요셉의 형들에 관한 언급에 표시를 하면서 무엇을 배웠습니까?

- 11절에서 그들은 무엇이라 주장합니까? 그들은 정말 그렇습니까?

6때에 요셉이 나라의 총리로
서 그 땅 모든 백성에게 곡식
을 팔더니 요셉의 형들이 와
서 그 앞에서 땅에 엎드려 절
하매

7요셉이 보고 형들인 줄을 아
나 모르는 체하고 엄한 소리
로 그들에게 말하여 이르되
너희가 어디서 왔느냐 그들
이 이르되 곡물을 사려고 가
나안에서 왔나이다

8요셉은 그의 형들을 알아보
았으나 그들은 요셉을 알아
보지 못하더라

9요셉이 그들에게 대하여 꾼
꿈을 생각하고 그들에게 이
르되 너희는 정탐꾼들이라
이 나라의 틈을 엿보려고 왔
느니라

10그들이 그에게 이르되 내
주여 아니니이다 당신의 종
들은 곡물을 사러 왔나이다

11우리는 다 한 사람의 아들
들로서 확실한 자들이니 당
신의 종들은 정탐꾼이 아니
니이다

12요셉이 그들에게 이르되 아
니라 너희가 이 나라의 틈을
엿보러 왔느니라

13그들이 이르되 당신의 종
우리들은 열두 형제로서 가
나안 땅 한 사람의 아들들이
라 막내 아들은 오늘 아버지
와 함께 있고 또 하나는 없어
졌나이다

14요셉이 그들에게 이르되 내
가 너희에게 이르기를 너희
는 정탐꾼들이라 한 말이 이
것이니라

15너희는 이같이 하여 너희
진실함을 증명할 것이라 바
로의 생명으로 맹세하노니
너희 막내 아우가 여기 오지
아니하면 너희가 여기서 나
가지 못하리라

- 본문에서 가장 중요하게 말하고 싶은 것은 무엇입니까? 형들은 요셉 앞에 섰을 때 무엇을 했습니까?

- 이것을 통해 여러분은 하나님에 대해 무엇을 알 수 있습니까? 요셉의 꿈에 대해서는 어떻습니까? 이 모든 것이 우연입니까, 아니면 하나님의 역사입니까? 토론해보십시오.

• 요셉은 형들을 어떻게 대했습니까? 왜 그는 형들을 그런 식으로 대했습니까? 그 결과는 어떠했습니까?

16너희 중 하나를 보내어 너
희 아우를 데려오게 하고 너
희는 갇히어 있으라 내가 너
희의 말을 시험하여 너희 중
에 진실이 있는지 보리라 바
로의 생명으로 맹세하노니
그리하지 아니하면 너희는
과연 정탐꾼이니라 하고

17그들을 다 함께 삼 일을 가
두었더라

창세기 42:21-24

21그들이 서로 말하되 우리가
아우의 일로 말미암아 범죄
하였도다 그가 우리에게 애
걸할 때에 그 마음의 괴로움
을 보고도 듣지 아니하였으
므로 이 괴로움이 우리에게
임하도다

22르우벤이 그들에게 대답하
여 이르되 내가 너희에게 그
아이에 대하여 죄를 짓지 말
라고 하지 아니하였더냐 그
래도 너희가 듣지 아니하였
느니라 그러므로 그의 핏값
을 치르게 되었도다 하니

23그들 사이에 통역을 세웠
으므로 그들은 요셉이 듣는
줄을 알지 못하였더라

24요셉이 그들을 떠나가서
울고 다시 돌아와서 그들과
말하다가 그들 중에서 시므
온을 끌어내어 그들의 눈 앞
에서 결박하고

관찰

인도자: *창세기 42:21-24을 큰 소리로 읽어보십시오. 그리고 그룹원들에게 다음을 하라고 요청하십시오.*

- ***요셉****과 그 대명사에 밑줄을 그으십시오.*
- ***형들****과 그 대명사에 동그라미를 그리십시오.*
- ***죄****라는 단어에 빗금 ／을 그으십시오.*

토론

- 자신을 구덩이에 던진 형들을 대하는 요셉의 모습을 통해 어떤 새로운 통찰력을 얻게 되었습니까?
- 누군가에게 나쁜 일, 혹은 상처를 주는 일을 하지 말라고 간곡히 호소해 본 경험이 있습니까? 그때 어떠한 일이 일어났습니까?
- 본문에서 형들에 대한 언급에 표시를 하면서 무엇을 배웠습니까?

• 애굽에 도착한 형들이 주고받는 말을 들은 요셉은 어떻게 반응합니까? 이를 통해, 그의 어떤 모습을 알 수 있습니까?

• 본문을 보면서 죄책감에 대해 무엇을 알게 되었습니까?

관찰

형들이 시므온을 남겨두고 애굽을 떠나려 할 때, 요셉은 그들이 지불한 돈을 다시 그들의 곡식 자루 안에 넣었습니다. 이것은 그들의 강퍅한 마음을 깨뜨리려는 의도로 계획된 시험이었습니다. 기근은 계속되었고, 형들은 요셉이 요구한대로 베냐민을 데리고 애굽으로 돌아왔습니다. 시므온은 다시 형제들에게로 돌아갔고, 그들은 더 많은 곡식을 얻어 고향으로 돌아갔습니다. 그러나 베냐민은 은잔을 훔친 이유로 곧 체포되고 말았습니다. 은잔은 요셉의 명령으로 그의 가방에 숨겨둔 것이었습니다. 그래서 형제들은 모두 다시 애굽으로 되돌아와야 했습니다. 이것은 그들을 철저히 깨지게 하려는 또 다른 시험이었습니다. 유다는 베냐민을 변호하며 자신이 대신 벌을 받겠다고 나섰습니다. 이것은 그들의 내면이 변화되었다는 증거였고, 또한 요셉에게 한 일을 진정으로 뉘우친다는 표시였습니다.

창세기 45:1–15

1요셉이 시종하는 자들 앞에서 그 정을 억제하지 못하여 소리 질러 모든 사람을 자기에게서 물러가라 하고 그 형제들에게 자기를 알리니 그 때에 그와 함께 한 다른 사람이 없었더라

2요셉이 큰 소리로 우니 애굽 사람에게 들리며 바로의 궁중에 들리더라

3요셉이 그 형들에게 이르되 나는 요셉이라 내 아버지께

서 아직 살아 계시니이까 형
들이 그 앞에서 놀라서 대답
하지 못하더라

4요셉이 형들에게 이르되 내
게로 가까이 오소서 그들이
가까이 가니 이르되 나는 당
신들의 아우 요셉이니 당신
들이 애굽에 판 자라

5당신들이 나를 이 곳에 팔
았다고 해서 근심하지 마소
서 한탄하지 마소서 하나님
이 생명을 구원하시려고 나
를 당신들보다 먼저 보내셨
나이다

6이 땅에 이 년 동안 흉년이
들었으나 아직 오 년은 밭갈
이도 못하고 추수도 못할지라

7하나님이 큰 구원으로 당신
들의 생명을 보존하고 당신
들의 후손을 세상에 두시려
고 나를 당신들보다 먼저 보
내셨나니

8그런즉 나를 이리로 보낸
이는 당신들이 아니요 하나

***인도자:** 창세기 45:1-15을 큰 소리로 읽어보십시오. 그리고 그룹원들에게 다음을 하라고 요청하십시오.*

- ***요셉**과 그 대명사에 밑줄을 그으십시오.*
- ***형들**과 그 대명사에 동그라미를 그리십시오.*

토론

- 본문에 기록된 사건을 짧게 요약해보십시오.

- 요셉에 표시하면서 무엇을 배웠습니까?

• 요셉은 형들의 잘못을 눈감아주거나, 부인했습니까?

• 요셉은 형들을 어떻게 대했습니까?

• 이를 통해, 요셉의 어떠한 면을 알 수 있습니까? 하나님을 향한 그의 믿음과 하나님과의 관계에 대해 무엇을 알 수 있습니까?

님이시라 하나님이 나를 바
로에게 아버지로 삼으시고
그 온 집의 주로 삼으시며 애
굽 온 땅의 통치자로 삼으셨
나이다

9당신들은 속히 아버지께로
올라가서 아뢰기를 아버지의
아들 요셉의 말에 하나님이
나를 애굽 전국의 주로 세우
셨으니 지체 말고 내게로 내
려오사

10아버지의 아들들과 아버지
의 손자들과 아버지의 양과
소와 모든 소유가 고센 땅에
머물며 나와 가깝게 하소서

11흉년이 아직 다섯 해가 있
으니 내가 거기서 아버지를
봉양하리이다 아버지와 아버
지의 가족과 아버지께 속한
모든 사람에게 부족함이 없
도록 하겠나이다 하더라고
전하소서

12당신들의 눈과 내 아우 베
냐민의 눈이 보는 바 당신들
에게 이 말을 하는 것은 내

입이라

13당신들은 내가 애굽에서 누
리는 영화와 당신들이 본 모
든 것을 다 내 아버지께 아뢰
고 속히 모시고 내려오소서
하며

14자기 아우 베냐민의 목을
안고 우니 베냐민도 요셉의
목을 안고 우니라

15요셉이 또 형들과 입맞추며
안고 우니 형들이 그제서야
요셉과 말하니라

• 요셉은 자신이 형들을 용서하기 전에 그들이 먼저 용서를 구하기를 기다렸습니까? 여기서 여러분은 자신의 행동에 대해 어떠한 교훈을 발견합니까? 여러분의 생각을 나눠보십시오.

• 요셉은 슬픔을 곱씹으며 증오를 증오로 갚기보다, 그 이면에서 하나님의 손길을 바라보았습니다. 우리는 종종 우리가 당하는 슬픔을 우리가 알지 못하고 저지른 어떤 잘못에 대한 벌, 혹은 부당한 조치라고 해석할 때가 많습니다. 하지만 우리는 하나님께서 때로 그 자녀들을 고통으로 이끄신다는 사실을 이해해야 합니다. 하나님은 그 고통을 통해 더 큰 유익을 얻게 하십니다. 하나님께서 이런 식으로 이끄셨던 경험이 있습니까?

인도자: *시간이 되면, 고통을 통해 유익을 얻은 개인적인 경험을 나눠보십시오.*

관찰

가족들은 요셉의 초청을 받아들여 그의 관대한 보살핌을 받으며 살고자 애굽으로 이사를 했습니다. 그러나 몇 년 후, 야곱이 죽자 형들에게는 새로운 걱정거리가 생겼습니다. 그들의 대화를 살펴보겠습니다.

인도자: *창세기 50:15-21을 큰 소리로 읽어보십시오. 그리고 그룹원들에게 다음을 하라고 요청하십시오.*

- ***요셉**과 그 대명사에 밑줄을 그으십시오.*
- ***용서**라는 말이 나오면 대문자 **X**를 표시하십시오.*

창세기 50:15-21

15요셉의 형제들이 그들의 아
버지가 죽었음을 보고 말하
되 요셉이 혹시 우리를 미워
하여 우리가 그에게 행한 모
든 악을 다 갚지나 아니할까
하고

16요셉에게 말을 전하여 이르
되 당신의 아버지가 돌아가
시기 전에 명령하여 이르시
기를

17너희는 이같이 요셉에게 이
르라 네 형들이 네게 악을 행
하였을지라도 이제 바라건대
그들의 허물과 죄를 용서하
라 하셨나니 당신 아버지의
하나님의 종들인 우리 죄를
이제 용서하소서 하매 요셉
이 그들이 그에게 하는 말을
들을 때에 울었더라

18그의 형들이 또 친히 와서
요셉의 앞에 엎드려 이르되
우리는 당신의 종들이니이다

19요셉이 그들에게 이르되 두
려워하지 마소서 내가 하나
님을 대신하리이까

20당신들은 나를 해하려 하
였으나 하나님은 그것을 선
으로 바꾸사 오늘과 같이 많
은 백성의 생명을 구원하게
하시려 하셨나니

21당신들은 두려워하지 마소
서 내가 당신들과 당신들의
자녀를 기르리이다 하고 그
들을 간곡한 말로 위로하였
더라

토론

- 아버지가 죽자 형들은 무엇을 걱정합니까? 그 걱정은 당연한 걱정이었습니까? 여러분의 대답을 설명해보십시오.

- 형들은 여기서 처음으로 죄를 고백합니까?

- 본문에서 요셉의 어떤 면이 더 확고히 드러납니까?

- 15절과 19절 사이에 어떤 연결점이 보입니까? 죄를 올바르게 심판하고 벌할 수 있는 분은 누구입니까?

• 요셉이 그의 형들을 진정으로 용서했다는 것은 무엇을 통해 알 수 있습니까?

• 로마서 15:4은 구약이 기록된 것이 우리에게 교훈을 주고 용기와 소망을 주기 위함이라고 말씀합니다. 요셉의 삶을 통해 여러분은 어떤 도움을 얻게 되었습니까?

마 무 리

우리는 믿는 자로서 과거가 미래를 결정하도록 허락하지 않을 수 있습니다. 여러분이 인내하고 고통스러워하며 경험했던 모든 것들은 하나님의 관점으로 볼 때 영원한 가치를 가질 수 있습니다.

요셉의 삶이야말로 이러한 원리를 적나라하게 보여줍니다. 그는 형들로부터 끔찍한 범죄를 당합니다. 형들은 처음에는 그를 죽이려고 계획했지만, 결국 노예로 팔아버리게 됩니다. 하지만 요셉은 그 일로 그들을 원망하지 않았습니다. 대신 수년 후 기근이 들어 형들이 음식을 찾아 애굽에 왔을 때, 요셉은 그들을 알아보고 불쌍히 여겨 눈물을 흘렸습니다. 그는 아무런 조건 없이 그들을 용서한 것입니다. 그들이 얼마만큼 자신들이 한 짓을 후회하고 있는지를 평가한 후에 용서한 것이 아닙니다. 사실 형들은 요셉 앞에서 자신들을 낮추긴 했지만, 실질적으로 자신들의 잘못에 대한 용서를 구하지는 않았습니다. 분명 형들은 요셉에게 부당한 행위를 했습니다. 하지만 요셉은 과거를 하나님의 관점으로 보았습니다. 요셉은 자신에게 일어난 가장 끔찍한 일을 통해서도 하나님은 선한 일을 이루신다는 사실을 알았습니다.

요셉의 경우를 보면서 우리는 다음을 기억해야 합니다. 살면서 왜 이런 일이 생기는지 이유를 알 수 없는 일이 생길 때에도 우리는 하나님께서 우리의 모든 경험, 특히 고통스러운 경험을 통해서도 선한 일을 이루고 계심을 확신해야 합니다. 요셉은 자신이 처한 상황에 짓눌려 쓰러지기보다는 하나님께서 자신의 삶을 위한 계획이 있음을 믿었습니다. 그 계획을 이루어가며 미래를 내다볼 때, 우리는 과거의 사슬(다른 사람들에게 받은 상처로 가득 찬 과거)을 끊을 수 있습니다.

여러분은 어떻습니까? 여러분은 하나님께서 여러분의 삶 가운데 계획과 목적을 갖고 계심을 믿습니까? 여러분은 과거의 사슬을 끊고 미래를 향해 자유롭게 나아가기를 원합니까?

제 2 과

1과에서 우리는 요셉이 형들로부터 받은 고통의 상처와 그가 어떻게 형들을 용서하기로 선택했는지를 보았습니다. 여러분은 여러분에게 상처를 준 사람들을 용서했습니까, 아니면 아직도 누군가를 생각하면 창자가 꼬이는 것 같습니까? 그 사람이 있을법한 곳이나, 일은 아예 피하고 있습니까?

분노에 사로잡히는 것은 독약을 마시는 것과 같고, 다른 사람이 죽기를 기다리는 것과 같다고 합니다. 이번 과에서는 왜 용서가 필요한지, 그리고 누군가를 용서하는 것이(혹은 용서를 거부하는 것이) 여러분의 삶에 어떤 영향을 미치는지를 살펴보려고 합니다.

관찰

산상수훈은 예수님께서 제자들에게 주신 가르침으로, 믿는 자가 걸어가야 할 기본을 말하고 있습니다. 이 가르침에는 기도에 대한 가르침(실제적으로 우리가 따라야 할 기도의 유형)도 포함되어 있습니다. 이제 주기도문이라고 불리는 이 기도의 유형을 통해 무엇을 배울 수 있는지를 살펴보겠습니다.

인도자: *마태복음 6:9-13을 큰 소리로 읽어보십시오. 그리고 그룹원들에게 다음을 하라고 요청하십시오.*

- ***사하여(forgive, forgiven)****라는 말이 나오면 대문자* ***X****를 표시하십시오.*
- ***죄(debts), 죄 지은 자(debtors)****라는 말에 네모를 그리십시오.*

마태복음 6:9-13

9그러므로 너희는 이렇게 기
도하라 하늘에 계신 우리 아
버지여 이름이 거룩히 여김
을 받으시오며

10나라가 임하시오며 뜻이 하
늘에서 이루어진 것 같이 땅
에서도 이루어지이다

11오늘 우리에게 일용할 양식
을 주시옵고

12우리가 우리에게 죄 지은
자를 사하여 준 것 같이 우리
죄를 사하여 주시옵고

13우리를 시험에 들게 하지 마시옵고 다만 악에서 구하시옵소서 (나라와 권세와 영광이 아버지께 영원히 있사옵나이다 아멘)

토론

- *사하여(forgive, forgiven)*라는 말에 표시를 하면서 무엇을 배웠습니까?
- 12절에서 "우리가…준 것 같이"(as we)가 함축하고 있는 것은 무엇이라고 생각합니까? 여러분의 대답을 설명해보십시오.
- 예수님은 우리가 무엇을 위해 용서를 구해야 한다고 말씀합니까?
- 여러분은 *죄(debts)*를 어떻게 정의하겠습니까?

누가복음 11:2-4

2예수께서 이르시되 너희는 기도할 때에 이렇게 하라 아버지여 이름이 거룩히 여김을 받으시오며 나라가 임하시오며

3우리에게 날마다 일용할 양식을 주시옵고

관찰

예수님께서 "죄"(빚, debts)를 말씀하실 때, 그것을 갚기 위한 경제적 의무도 언급하셨습니까? 이 질문에 답하기 위해 누가복음 11:2-4을 살펴보겠습니다. 이 부분은 마태복음 6장과 상당한 부분에 유사성을 갖고 있는 본문입니다.

인도자: *누가복음 11:2-4을 큰 소리로 읽어보십시오.*

- *그룹원들에게* ***사하여(forgive)****라는 말이 나오면 큰 소리로 읽으면서 대문자* ***X****를 표시하라고 하십시오.*

토론

- 본문에서 예수님께서 죄(빚, debts)라는 말을 사용하실 때에는 경제적인 의무를 두고 말씀하신 것입니까? 그것이 아니라면, 어떤 의미로 이 단어를 사용하셨습니까?

관찰

마태복음 6장으로 다시 돌아가 보십시오. 예수님은 주기도문의 가르침을 "아멘"으로 끝내신 후, 바로 덧붙여서 용서에 대해 몇 가지 말씀을 합니다.

인도자: *마태복음 6:14–15을 읽고, 그룹원들에게 다음을 하라고 요청하십시오.*

- ***용서(forgive)**라는 말이 나오면 대문자 **X**를 표시하십시오.*
- ***"~하지 아니하면"(but)**이라는 말이 나오면 들쑥날쑥한 밑줄을 그으십시오.*

토론

- 여러분은 이렇게 질문할지도 모릅니다. "왜 용서해야 하지요? 전 너무 고통스러운데." 예수님께서 14–15절에서 *왜* 용서해야 하는지에 대해 어떤 말씀을 하셨습니까?

4우리가 우리에게 죄 지은
모든 사람을 용서하오니 우
리 죄도 사하여 주시옵고 우
리를 시험에 들게 하지 마시
옵소서 하라

마태복음 6:14–15

14너희가 사람의 잘못을 용서
하면 너희 하늘 아버지께서
도 너희 잘못을 용서하시려
니와

15너희가 사람의 잘못을 용서
하지 아니하면 너희 아버지
께서도 너희 잘못을 용서하
지 아니하시리라

- 본문에서 *용서*라는 말에 표시를 하면서 무엇을 배웠습니까?

- 여러분이 관찰한 것을 14절과 어떻게 연결시킬 수 있는지 토론해보십시오.

마태복음 18:21–27

21그 때에 베드로가 나아와 이르되 주여 형제가 내게 죄를 범하면 몇 번이나 용서하여 주리이까 일곱 번까지 하오리이까

22예수께서 이르시되 네게 이르노니 일곱 번뿐 아니라 일곱 번을 일흔 번까지라도 할지니라

23그러므로 천국은 그 종들과 결산하려 하던 어떤 임금과 같으니

24결산할 때에 만 달란트 빚진 자 하나를 데려오매

관찰

예수님은 다음 이야기를 통해 용서에 대한 큰 그림을 보여주십니다.

인도자: *마태복음 18:21–27을 큰 소리로 읽어보십시오. 그리고 그룹원들에게 다음을 하라고 요청하십시오.*

- ***용서(forgive)***, *또는 그와 관련된 단어가 나오면 예전처럼 대문자 **X**를 표시하십시오.*
- ***임금(the king)***과 *그 대명사 및 동의어(예를 들어, **주인(lord)**)에 대명사 **K**를 표시하십시오.*
- ***빚지다(owed), 빚(debt)***과 *같은 단어들이 나오면 네모를 그리십시오.*

토론

- 21–22절에 의하면, 왜 예수님께서 이 이야기를 들려주셨습니까?

INSIGHT

이 이야기의 문맥을 이해하는 것이 중요하다. 당시 일반적인 랍비들의 사고로는 3번 정도 용서하도록 권고하고 있었다. 따라서 베드로는 "일곱 번까지 하오리이까"(21절)라고 말하면서, 자신이 꽤 관대한 제안을 한다고 생각했을 것이다. 그러나 예수님의 대답에 제자들은 어안이 벙벙해졌다. 예수님 말씀의 요지는 고린도전서 13:5의 선포처럼, 사랑은 자기의 유익을 구하지 않는다는 의미였다. 중요한 것은 마음으로부터 우러난 용서이다.

- 임금(*the king*)을 나타내는 언급들에 표시를 하면서 무엇을 배웠습니까?

- 그 종들은 무엇을 하기로 약속합니까? 이에 왕은 어떻게 반응합니까?

- 종은 그 빚진 것을 다 갚을 수 있습니까?

- 용서(*forgive*), 또는 그와 관련된 단어에 표시를 하면서 무엇을 배웠습니까?

25갚을 것이 없는지라 주인
이 명하여 그 몸과 아내와 자
식들과 모든 소유를 다 팔아
갚게 하라 하니

26그 종이 엎드려 절하며 이
르되 내게 참으소서 다 갚으
리이다 하거늘

27그 종의 주인이 불쌍히 여
겨 놓아 보내며 그 빚을 탕감
하여 주었더니

- 이 이야기에서 임금은 누구를 나타낸다고 생각합니까? 여러분의 대답을 설명해보십시오.

- 종은 누구를 나타낸다고 생각합니까? 여러분의 대답을 설명해보십시오.

마태복음 18:28-35

28그 종이 나가서 자기에게
백 데나리온 빚진 동료 한 사
람을 만나 붙들어 목을 잡고
이르되 빚을 갚으라 하매

29그 동료가 엎드려 간구하
여 이르되 나에게 참아 주소
서 갚으리이다 하되

30허락하지 아니하고 이에
가서 그가 빚을 갚도록 옥에
가두거늘

31그 동료들이 그것을 보고
몹시 딱하게 여겨 주인에게
가서 그 일을 다 알리니

관찰

이제부터 종이 그의 빚을 탕감 받고 나서 어떻게 행동했는지를 살펴보겠습니다.

인도자: *마태복음 18:28-35을 큰 소리로 읽어보십시오. 그리고 그룹원들에게 다음을 하라고 요청하십시오.*

- ***빚(debt), 빚진(owe, owed)****과 같은 단어들이 나오면 네모를 그리십시오.*
- ***용서(forgive)****, 그와 관련된 단어들이 나오면 대문자* ***X****를 표시하십시오.*

토론

- 본문에서 용서받은 종에 대해 무엇을 알게 되었는지 토론해보십시오.

- 26절과 29절을 비교해보십시오. 무엇을 알게 되었습니까?

INSIGHT

데나리온은 예수님 당시 대략 일반 노동자 하루 품삯에 해당한다. 이와 대조적으로, 1달란트는 가장 큰 화폐 단위이다. 한 사람이 1달란트를 벌기 위해서는 거의 20년을 일해야 한다. 그러므로 10,000달란트는 사실상 갚을 수 없는 어마어마한 빚에 해당한다.[1)]

- 32절에 따르면, 왜 임금은 처음에 그 악한 종을 용서해주었습니까?

- 33절에 따르면, 임금은 악한 종이 그의 동료를 어떻게 대하리라 기대했습니까? 그 이유는 무엇입니까?

- 33절에 묘사된 임금이 종에게 건 기대와 마태복음 6:14-15에 나타난 하나님이 우리에게 거는 기대 사이에 어떤 유사점이 있습니까?

32이에 주인이 그를 불러다
가 말하되 악한 종아 네가 빌
기에 내가 네 빚을 전부 탕감
하여 주었거늘

33내가 너를 불쌍히 여김과
같이 너도 네 동료를 불쌍히
여김이 마땅하지 아니하냐
하고

34주인이 노하여 그 빚을 다
갚도록 그를 옥졸들에게 넘
기니라

35너희가 각각 마음으로부터
형제를 용서하지 아니하면
나의 하늘 아버지께서도 너
희에게 이와 같이 하시리라

---

1) Warren Weirsbe: "Matthew" in *The Bible Exposition Commentary: An Exposition of the New Testament Comprising the Entire "Be" Series*, Vol. 1 (Colorado Springs, CO: Chariot Victor Publishing, 1989), 67.

• 34절에 의하면, 악한 종이 동료를 용서하기를 거부했을 때 그에게 어떤 일이 일어났습니까?

INSIGHT

고통(*Torturers*, 본문에서는 옥졸들이라고 번역됨)은 헬라어 동사 *basanizō*에서 파생된 명사로, 병(sicknesses)을 나타내거나(마태복음 4:24, 8:6) 어려운 상황(adverse circumstances, 마태복음 14:24)을 나타내는데 사용되었다. 하나님은 이것들을 우리의 잘못된 태도를 고치는데 사용하시거나, 자녀로서 합당한 영성을 갖게 하기 위하여 사용하신다(고린도전서 11:30-32). 이러한 고통은 우리의 삶에서 어려운 상황과 병, 슬픔, 질투, 분노 등으로 나타난다. 예수님께서 이 말씀을 베드로와 다른 제자들에게 하셨다는 사실을 기억하라. 예수님의 메시지는 믿는 자들을 향한 것이지, 믿지 않는 자들을 향한 것이 아니다.

• 마태복음 18장과 Insight에서 배운 것을 통해 볼 때, 예수님의 가르침은 오늘날 우리의 삶에 어떻게 적용됩니까? 용서하기를 거부하는 것이 믿는 자로서 할 수 있는 선택이라고 생각합니까?

관찰

다음은 사도 바울이 우리 믿는 자들에게 주는 몇 가지 교훈을 살펴보겠습니다. 바울은 우리가 예수님을 알기 전과는 다르게 행동해야 한다고 책망하면서 몇 가지 변화의 예들을 말합니다.

인도자: *에베소서 4:30–32과 골로새서 3:13을 읽어 보십시오.*

- *그룹원들에게 **용서(forgiving)**라는 말에 대문자 X를 표시하라고 요청하십시오.*

토론

- 본문을 근거로 볼 때, 무엇이 성령을 근심하게 합니까?

- 본문에서 용서에 대해 무엇을 알게 되었습니까? 용서가 우리의 관계에 어떠한 영향을 미칩니까?

- 이 과를 계속 공부하기에 앞서, 잠깐 시간을 내어 용서해야 할 사람이 있는지 스스로에게 질문해보십시오. 상처나 실망에 대해 생각할 때면 마음에 떠오르는 누군가가 있습니까? 기회가 있는데도, 사랑하고 싶지 않고 선을 베풀기 싫은 그런 사람이 있습니까? 누군가를 만나면 가슴이 막혀오는 것 같습니까? 어떻게든 피하고 싶은 사람이 있습니까?

에베소서 4:30–32

30하나님의 성령을 근심하게
하지 말라 그 안에서 너희가
구원의 날까지 인치심을 받
았느니라

31너희는 모든 악독과 노함과
분냄과 떠드는 것과 비방하
는 것을 모든 악의와 함께 버
리고

32서로 친절하게 하며 불쌍히
여기며 서로 용서하기를 하
나님이 그리스도 안에서 너
희를 용서하심과 같이 하라

골로새서 3:13

13누가 누구에게 불만이 있거
든 서로 용납하여 피차 용서
하되 주께서 너희를 용서하
신 것 같이 너희도 그리하고

인도자: *그룹원들에게 시간을 주어 이 질문들을 깊이 생각해보게 하십시오.*

• 이러한 질문들을 생각할 때 떠오르는 이름이 있다면, 그것을 무시하지 마십시오. 그 사람의 이름을 적고, 그에게 기분 나쁜 것이 무엇인지 적어보십시오.

관찰

이제 2과의 공부를 마치면서, 하나님께서 우리에게 중요한 원리를 강조하시기 위해 주신 말씀을 조금 더 살펴보려고 합니다.

INSIGHT

다음 말씀에서 긍휼(mercy)이라는 말은 '돕다, 용서하다, 관대하다'와 같은 자비를 행한다는 의미를 담고 있다. 이 단어는 다른 사람의 불행을 깊이 동감할 뿐만 아니라, 그 불행의 원인을 없애고자 적극적으로 원한다는 뜻을 내포하고 있다.

인도자: *마태복음 5:7과 야고보서 2:13을 큰 소리로 읽어보십시오.*

- ***긍휼(mercy), 긍휼히 여기다(merciful), 긍휼 없는(merciless)**과 같은 단어가 나오면 짧고 불규칙한 곡선 ∿∿∿ 을 그으십시오.*

마태복음 5:7

7 긍휼히 여기는 자는 복이 있나니 그들이 긍휼히 여김을 받을 것임이요

야고보서 2:13

13 긍휼을 행하지 아니하는 자에게는 긍휼 없는 심판이 있으리라 긍휼은 심판을 이기고 자랑하느니라

토론

- 긍휼이라는 말에 표시를 하면서 무엇을 배웠습니까?

- 이 말씀들은 우리가 지금까지 공부한 용서에 대한 예수님의 가르침과 어떻게 연결됩니까?

- 이 말씀들은 마태복음 18:33(큰 빚을 탕감 받은 종에게 임금이 이렇게 말했습니다. "내가 너를 불쌍히 여김과 같이 너도 네 동료를 불쌍히 여김이 마땅하지 아니하냐")과 어떻게 비교됩니까?

마 무 리

의사들은 오래 전부터 용서하지 않은 사람들은 병에 걸리기 쉽다고 추측해 왔습니다. 그리고 오늘날 현대 의학 기술은 이것을 확신하고 있습니다. 사실 육체적인 질병은 용서하지 않은 마음에서 비롯되는 경우가 많습니다. 우리의 육체는 슬픔과 분노를 담아두도록 만들어지지 않았습니다. 즉, 슬픔과 분노로 인해 스트레스와 긴장을 하게 되면 어떤 쪽으로든 폭발하게 되어있는 것입니다. 그렇다고 아픈 사람들은 모두 누군가를 용서해야 한다는 의미는 아닙니다. 단지 오랫동안 용서하기를 거부하는 것이 육체적 질병의 원인이 될 수 있다는 의미입니다.

복통, 가슴 두근거림, 혹은 불면증으로 고생하고 있습니까? 이러한 증상은 육체적인 질병이 직접적인 원인이라기보다는, 결국 용서하지 않은 마음에서 나온 것일 수도 있습니다. 이런 증상들로 고통을 받고 있습니까? 하나님께 대답을 간구해보십시오.

이전에 받은 불의한 일을 계속해서 고통스러워하거나, 심지어 그 고통을 더 움켜쥐려고 하면 우리는 스스로를 감정의 감옥에 가두게 됩니다. 이 감정의 감옥은 최악의 포로 상태라 할 수 있습니다. 하지만 하나님께 받은 사랑을 다른 사람과 함께 나누고 자비와 용서를 베푼다면, 우리는 영광스러운 자유함을 누릴 수 있습니다.

용서하십시오! 이것이 바로 예수님께서 베드로와 제자들에게 가르치셨던 내용입니다. 우리가 용서받은 존재이기에, 이제 용서의 사람으로 살라는 말씀입니다. 여러분의 감정을 고집하지 마십시오. 그건 정말 중요하지 않습니다. 대신 하나님께서 여러분의 대적들을 다루실 것을 신뢰하십시오. 성령의 인도하심에 순종하여 용서의 길을 가기로 선택한다면, 여러분의 영혼과 육신은 더욱 건강해질 것입니다. 여러분이 하나님과 맺고 있는 관계뿐만 아니라 다른 사람과의 관계도 놀랍도록 변화할 것입니다. 기도 생활도 풍성해질 것입니다. 포로 된 자가 자유하게 될 것입니다!

제 3 과

다른 사람을 용서해야 할 의무가 있다는 사실을 진정으로 이해하기 위해서는, 우리가 어떤 일을 행했든 하나님께서는 그 외아들 예수 그리스도의 죽음을 통해 우리를 완전히 용서하셨다는 사실을 먼저 깨달아야 합니다. 지난 과를 통해 살펴보았듯이, 예수님께서는 우리가 용서받은 것처럼 우리도 다른 사람을 용서해야 한다고 말씀합니다. 내가 모든 죄에서 용서받았다는 사실을 믿지 못한다면, 나에게 죄를 지은 다른 사람을 용서하는 것은 불가능합니다.

이번 과에서는 하나님께서 우리에게 베푸신 용서에 대해 알아보려고 합니다. 그리고 그것이 어떻게 우리가 다른 사람을 용서하는데 영향을 미치는지 알아보겠습니다.

관찰

로마서는 사도 바울이 로마에 있는 성도들에게 복음, 즉 예수 그리스도의 '좋은 소식'의 핵심 진리를 설명하기 위해 보낸 편지입니다. 로마서에서 사도 바울이 우리라는 대명사를 사용할 때, 거기에는 자신뿐만 아니라 동료들, 또한 예전에는 하나님의 대적이었던 모든 불경건한 죄인들을 다 포함합니다. 본문의 앞부분에서 바울은 모세의 율법을 따르는 유대인들을 향해 말하고 있었습니다.

인도자: *로마서 3:9–12, 23을 큰 소리로 읽어보십시오. 그리고 그룹원들에게 다음을 하라고 요청하십시오.*

- ***죄***(*sin*)*와* ***죄를 범한***(*sinned*)*이라는 단어가 나오면 빗금 ／ 을 그으십시오.*
- ***의인***(*righteous*)*이라는 단어에는 대문자 R을 표시하십시오.*

로마서 3:9–12, 23

9그러면 어떠하냐 우리는 나
으냐 결코 아니라 유대인이
나 헬라인이나 다 죄 아래에
있다고 우리가 이미 선언하
였느니라

10기록된 바 의인은 없나니
하나도 없으며

11깨닫는 자도 없고 하나님을
찾는 자도 없고

12다 치우쳐 함께 무익하게
되고 선을 행하는 자는 없나
니 하나도 없도다

23모든 사람이 죄를 범하였
으매 하나님의 영광에 이르
지 못하더니

INSIGHT

여기서 *죄(sin)*라고 쓰인 헬라어 단어는 문자 그대로 '과녁을 빗나가다, 기준에 미치지 못하다, 잘못을 저지르다, 하나님의 법을 어기다'라는 뜻이다.

*의로운(righteous)*이라는 단어는 '죄가 없는, 인간의 기준이 아닌 하나님의 기준에 들어맞는'이라는 의미이다.

토론

- *죄(sin)*, *죄를 범한(sinned)*이라는 단어에 표시를 하면서 무엇을 배웠습니까?

- 하나님의 말씀에 의하면, 죄는 어떻게 퍼집니까? 죄가 없다고 말할 수 있는 사람이 있습니까?

관찰

모든 사람은 죄인이라는 점을 살펴보았습니다. 하지만 이것이 어떻게 증명될 수 있습니까?

인도자: *로마서 5:12을 큰 소리로 읽어보십시오. 그리고 그룹원들에게 다음을 하라고 요청하십시오.*

- ***죄*(sin), *죄를 범한*(sinned)***이라는 말이 나오면 빗금을 그으십시오.*
- ***사망*(death)***이라는 말이 나오면 무덤 모양*  *을 그리십시오.*

로마서 5:12

12그러므로 한 사람으로 말미
암아 죄가 세상에 들어오고
죄로 말미암아 사망이 들어
왔나니 이와 같이 모든 사람
이 죄를 지었으므로 사망이
모든 사람에게 이르렀느니라

토론

- 우리는 어떻게 죄인이 되었습니까?

- 죄가 이 세상에 들어온 결과는 무엇입니까?

관찰

하지만 하나님은 우리가 죽어 영원히 하나님과 분리되는 것을 원치 않으셨습니다. 그래서 하나님은 무엇을 하셨습니까?

인도자: *마태복음 1:18-23과 고린도후서 5:21을 큰 소리로 읽어보십시오. 그리고 그룹원들에게 다음을 하라고 요청하십시오.*

- ***예수*(Jesus)***와 그 대명사 및 동의어(예를 들어,* ***잉태된 자*(the child)***)에 십자가* ✝ *를 그리십시오.*
- ***죄*(sin, sins)***라는 말에 빗금을 그으십시오.*

마태복음 1:18-23

18예수 그리스도의 나심은 이
러하니라 그의 어머니 마리
아가 요셉과 약혼하고 동거
하기 전에 성령으로 잉태된
것이 나타났더니

19그의 남편 요셉은 의로운
사람이라 그를 드러내지 아
니하고 가만히 끊고자 하여

20이 일을 생각할 때에 주의
사자가 현몽하여 이르되 다
윗의 자손 요셉아 네 아내 마
리아 데려오기를 무서워하지
말라 그에게 잉태된 자는 성
령으로 된 것이라

21아들을 낳으리니 이름을 예
수라 하라 이는 그가 자기 백
성을 그들의 죄에서 구원할
자이심이라 하니라

22이 모든 일이 된 것은 주께
서 선지자로 하신 말씀을 이
루려 하심이니 이르시되

23보라 처녀가 잉태하여 아
들을 낳을 것이요 그의 이름
은 임마누엘이라 하리라 하
셨으니 이를 번역한즉 하나
님이 우리와 함께 계시다 함
이라

토론

- 마태복음 1:18-23에 의하면, 예수님은 죄인으로 태어나셨습니까? 여러분의 대답을 설명해보십시오.

- 고린도후서 5:21에 의하면, 예수님은 우리를 위해 무엇을 하셨습니까? 그리고 그 결과는 무엇입니까?

• 예수님께서 죄인이 아니셨다면, 예수님은 죽으실 필요가 있었습니까? 예수님은 왜 죽으셨습니까?

고린도후서 5:21

21하나님이 죄를 알지도 못하
신 이를 우리를 대신하여 죄
로 삼으신 것은 우리로 하여
금 그 안에서 하나님의 의가
되게 하려 하심이라

관찰

예수님이 우리의 죄 때문에 죽으셨다는 사실을 알았습니다. 이제 두 가지 질문을 해보겠습니다. 예수님이 우리를 위해 죽기 전, 우리의 상태는 어떠했습니까? 예수님의 죽음은 우리의 상황을 어떻게 변화시켰습니까?

인도자: *로마서 5:6–10과 6:23을 큰 소리로 읽어보십시오. 그리고 그룹원들에게 다음을 하라고 요청하십시오.*

- ***믿는 자**(believers)와 **우리가**(We), **우리를**(us), **우리의**(our)와 같은 대명사에 동그라미를 그리십시오.*
- ***그리스도**(Christ)와 그 대명사 및 동의어에 십자가를 그리십시오.*

로마서 5:6–10

6우리가 아직 연약할 때에
기약대로 그리스도께서 경건
하지 않은 자를 위하여 죽으
셨도다

7의인을 위하여 죽는 자가 쉽
지 않고 선인을 위하여 용감
히 죽는 자가 혹 있거니와

8우리가 아직 죄인 되었을
때에 그리스도께서 우리를
위하여 죽으심으로 하나님께
서 우리에 대한 자기의 사랑
을 확증하셨느니라

9그러면 이제 우리가 그의
피로 말미암아 의롭다 하심
을 받았으니 더욱 그로 말미
암아 진노하심에서 구원을
받을 것이니

10곧 우리가 원수 되었을 때
에 그의 아들의 죽으심으로
말미암아 하나님과 화목하게
되었은즉 화목하게 된 자로
서는 더욱 그의 살아나심으
로 말미암아 구원을 받을 것
이니라

로마서 6:23

23죄의 삯은 사망이요 하나님
의 은사는 그리스도 예수 우
리 주 안에 있는 영생이니라

골로새서 1:21-22

21전에 악한 행실로 멀리 떠
나 마음으로 원수가 되었던
너희를

22이제는 그의 육체의 죽음
으로 말미암아 화목하게 하
사 너희를 거룩하고 흠 없고

토론

- 하나님의 아들, *그리스도*에 표시를 하면서 무엇을 배웠습니까?
- 본문에서 우리의 상태를 설명하기 위해 어떤 단어들이 사용되었습니까?
- 하나님은 언제 우리를 향한 사랑을 보여주셨습니까?
- 어떤 시점에서 우리는 하나님의 용서를 받았습니까?
- 예수님께서 우리에게 값없이 주신 선물은 무엇입니까?

관찰

인도자: *골로새서 1:21-22과 고린도후서 5:18-20을 큰 소리로 읽어보십시오. 그리고 그룹원들에게 다음을 하라고 요청하십시오.*

- ***화목(reconciliation), 화목시키는(reconciling), 화목하게 하다(reconciled)****라는 단어가 나오면 네모를 그리십시오.*
- ***<u>그들의 죄를 그들에게 돌리지 아니하시고(not counting their trespasses against them)</u>****라는 말씀에 밑줄을 그으십시오.*

INSIGHT

*화목(reconciliation)*이라는 단어는 우정에 틈이 생기거나 싸움이 있다는 사실을 전제하고 있다. *화목하게 하다(reconcile)*는 것은 '바꾸다 또는 교환하다'는 의미이다. 여기서 이 단어는 적대감에서 우정으로 관계를 바꾼다는 뜻과 관련이 있다.

인간의 죄는 하나님과 인간 사이에 장벽을 만들었다. 하나님과 화목하게 한다는 것은, 완전한 용서를 의미하고 하나님과 관계를 형성하는 것을 의미한다.

화목이라는 개념은 기독교 신앙만이 갖는 독특한 개념이다. 모든 다른 종교들은 인간이 신의 기분을 달래야 한다고 가르친다. 하지만 성경적 기독교 신앙은 하나님께서 우리를 자신과 화목하게 하기 위해서 필요한 모든 것을 직접 행하시며 스스로를 달래신다고 가르친다. 바로 하나님 아들의 피로 우리의 죄를 용서하신 것이다.

토론

- *화목하게 하다(reconciled)*와 그와 관련된 단어에 표시를 하면서 무엇을 배웠습니까?

책망할 것이 없는 자로 그 앞
에 세우고자 하셨으니

고린도후서 5:18-20

18모든 것이 하나님께로서 났
으며 그가 그리스도로 말미
암아 우리를 자기와 화목하
게 하시고 또 우리에게 화목
하게 하는 직분을 주셨으니

19곧 하나님께서 그리스도 안
에 계시사 세상을 자기와 화
목하게 하시며 그들의 죄를
그들에게 돌리지 아니하시고
화목하게 하는 말씀을 우리
에게 부탁하셨느니라

20그러므로 우리가 그리스도
를 대신하여 사신이 되어 하
나님이 우리를 통하여 너희
를 권면하시는 것 같이 그리
스도를 대신하여 간청하노니
너희는 하나님과 화목하라

• 하나님과 화목하기 전, 여러분은 어떤 존재였습니까? 하나님과 화목한 후에는 어떻게 되었습니까?

• 우리가 하나님과 화목하게 되었다면, 우리의 죄는 어떻게 되었습니까?

• 예수님의 용서는 우리를 향한 그분의 사랑을 어떻게 보여줍니까?

• 지금까지 배운 것을 기억할 때, 우리는 다른 사람들을 향해서 어떻게 하나님의 사랑을 보여줄 수 있습니까?

INSIGHT

대사(ambassador)는 권위를 부여받은 사자(使者), 혹은 높은 권위를 대표하는 사람이다. 이 문맥에서 대사는 화목의 메시지를 전하는 그리스도의 사자이다.

• 화목하는데 있어서 우리의 책임은 무엇입니까? 만약 용서하기를 거절한다면, 그 책임을 다 질 수 있습니까? 여러분의 대답을 설명해보십시오.

관찰

지금까지 살펴본 대로 여러분은 더 이상 죄의 노예로 남아있을 필요가 없습니다. 여러분은 하나님과 화목할 수 있습니다. 이제 3과를 끝내기에 앞서 한 말씀만 더 살펴보면서 복음의 의미에 대해 알아보겠습니다.

인도자: *고린도전서 15:1–8을 큰 소리로 읽어보십시오. 그리고 그룹원들에게 다음을 하라고 요청하십시오.*

- ***복음(the gospel)****과 그 대명사에 대문자 G를 표시하십시오.*
- ***그리스도(Christ)****와 그 대명사에 십자가 ✝ 를 그리십시오.*
- ***성경대로(according to the Scriptures)****라는 말씀에 밑줄을 그으십시오.*

토론

- 복음에 관련된 말에 표시를 하면서 무엇을 배웠습니까?
- 3–4절에 의하면, 복음의 중요한 특징은 무엇입니까?

고린도전서 15:1–8

1형제들아 내가 너희에게 전
한 복음을 너희에게 알게 하
노니 이는 너희가 받은 것이
요 또 그 가운데 선 것이라

2너희가 만일 내가 전한 그
말을 굳게 지키고 헛되이 믿
지 아니하였으면 그로 말미
암아 구원을 받으리라

3내가 받은 것을 먼저 너희
에게 전하였노니 이는 성경
대로 그리스도께서 우리 죄
를 위하여 죽으시고

4장사 지낸 바 되셨다가 성경
대로 사흘 만에 다시 살아나사

5게바에게 보이시고 후에 열
두 제자에게와

6그 후에 오백여 형제에게
일시에 보이셨나니 그 중에
지금까지 대다수는 살아 있
고 어떤 사람은 잠들었으며

7그 후에 야고보에게 보이셨으
며 그 후에 모든 사도에게와

8맨 나중에 만삭되지 못하여
난 자 같은 내게도 보이셨느
니라

- "성경대로"(3절) 무슨 일이 일어났습니까?

- 5–8절에 걸쳐, 이 모든 일이 정말로 일어날 것을 확증하기 위해 바울은 어떤 증거를 언급하고 있습니까?

- 복음에 의하면, 누가 여러분의 죄의 값을 치루셨습니까? 그 값은 어떻게 지불되었습니까?

- 이것이 지금까지 우리가 다룬 용서와 어떻게 연결되는지 토론해보십시오. *우리가* 용서받았다는 것을 이해하는 것은 우리가 *다른 사람을* 용서하는 것과 무슨 관련이 있습니까?

마 무 리

죄라는 말은 그리 유쾌한 단어는 아닙니다. 왜냐하면 그것은 우리가 하나님의 율법을 어겼다는 뜻을 나타내기 때문입니다. 우리는 우리의 죄에 대해 책임을 져야 합니다. 성경은 이에 대해 분명히 말씀하고 있습니다. 그러나 예수님은 이미 우리의 모든 죄–과거, 현재, 미래(딛 3:4–7)–에 대한 대가를 지불하셨습니다. 이제 여러분은 죄를 책임질 수 있게 되었고, 하나님의 용서를 받을 수 있게 되었습니다. 그러나 여러분이 죄를 무시하고 변명을 하며 계속해서 죄를 짓는다면, 하나님의 심판을 받게 될 것입니다.

아마 누군가 이렇게 말하는 것을 들어보았을 것입니다. "나는 내 자신을 용서할 수 없어!" 아마 여러분 자신이 이렇게 말하고 있을지도 모릅니다. 하지만 우리가 지금까지 공부한 내용을 전부 들여다보아도 우리가 스스로 죄를 용서할 수 있다고 말하는 부분은 어디에도 없었습니다. 그런 생각을 한다는 것은 하나님의 용서에 대해 전혀 이해하지 못했다는 뜻이 됩니다. 하나님의 사랑과 섭리만으로는 충분하지 않다고 말하는 것과 같습니다. 한마디로, 우리가 하나님 자리에 앉겠다는 말과 같습니다.

우리가 용서받았다는 사실을 거부하는 것은, 하나님의 사랑을 거부하는 것과 같습니다. "하나님이 세상을 이처럼 사랑하사 독생자를 주셨으니 이는 그를 믿는 자마다 멸망하지 않고 영생을 얻게 하려 하심이라"(요 3:16). 이제 여러분은 잠시 멈추어 서서 스스로에게 이렇게 질문해보십시오. "나는 하나님께서 예수 그리스도를 통해 주신 용서의 선물과 영생의 약속을 받았는가?" 아직 아니라면 왜 기다립니까? 마음으로 원한다면, 소그룹 인도자에게 말하십시오. 그가 여러분을 위해 기쁜 마음으로 기도해주고 하나님 나라로 여러분을 맞아줄 것입니다.

삶이 뒤죽박죽 얽혀있습니까? 하나님의 사랑을 받을 자격이 없다고 느껴집니까? 하나님은 분명히 말씀합니다. 지금까지 어떤 일을 했든 상관없이 여러분은 완전한 용서를 받을 수 있습니다. 가족을 부끄럽게 했든, 가족의 재산을 탕진했든, 성적인 죄를 저질렀든, 누군가의 돈을 훔쳤든, 심지어 살인을 했다 해도 아직 늦지 않았습니다. 지금 하나님의 용서를 받아들이겠습니까? 여기에 방법이 있습니다.

1. 먼저, **여러분이 죄를 지었다는 사실을 인정하십시오. 여러분은 하나님의 거룩한 법을 어겼고, 그분의 거룩한 뜻을 거슬렀습니다.** 여러분이 지은 죄를 고백해보십시오. 요한일서 1:9에 나오는 *자백(confess)*이라는 단어는 바로 '그러한 죄를 말하는 것'이라는 의미입니다. 죄를 고백하는 것은 여러분이 잘못된 행동을 했다고 말씀하시는 하나님의 말씀에 동의하는 것입니다.

2. **죄에 대한 책임을 지십시오.** 여러분은 다른 사람을 탓할 수 없습니다. 여러분의 죄를 인정하고, 전적으로 책임을 지십시오.

3. **필요하다면 대가를 치르겠다고 하나님께 말하십시오.** 하나님과의 관계에서 뿐만 아니라 다른 사람과의 관계에서도 옳은 일을 하려는 의지야말로 예수님께서 마태복음 5:23-24을 통해 우리에게 말씀하신 원리입니다.

4. **여러분을 모든 죄에서 깨끗하게 하시는 예수 그리스도의 보혈에 대해 감사하고, 그분의 용서를 믿음으로 받아들이십시오.** 기억하십시오! 용서는 은혜로 주시는 것이지, 결코 우리의 공로 때문이 아닙니다. 죄가 더한 곳에 은혜가 더욱더 넘칩니다(롬 5:20).

5. **하나님의 말씀을 읽으십시오.** "그러므로 이제 그리스도 예수 안에 있는 자에게는 결코 정죄함이 없나니"(롬 8:1). 여러분의 감정이 어떠하든 상관없이 믿음으로 하나님의 말씀만 붙드십시오. 고소자 사탄이 여러분의 믿음의 승리를 빼앗아 가지 못하게 하십시오.

6. **하나님께서 성령을 주신 것을 감사하십시오. 그리고 성령과 늘 동행하여 육체의 욕심을 이루지 않기를 원한다고 말하십시오**(갈 5:16). 이러한 기도는 진정한 회개를 보여줍니다.

하나님의 용서를 받아들였다면, 이제 다른 사람을 용서할 수 있는 기반을 갖게 된 것입니다. 이제 진정한 자유를 누리며 살아가게 될 것입니다.

제 4 과

당신은 내가 용서하기를 원합니까? 나에게 그토록 깊은 상처를 준 사람을 어떻게 용서할 수 있습니까? 당신은 그들이 내게 어떤 일을 했는지 알기나 합니까?

아마 지금까지 공부를 하면서 여러분은 이렇게 생각하고 있었는지도 모릅니다. 이번 과에서는 우리에게 가장 극심한 고통을 준 사람을 어떻게 해야 용서할 수 있는지를 알아보려고 합니다.

관찰

인도자: *갈라디아서 5:19-21; 에베소서 5:3-6; 고린도전서 6:9-11을 큰 소리로 읽어보십시오.*

- *그룹원들에게* **하나님의 나라를 유업으로 받지 못할 것이요, 하나님의 나라에서 기업을 얻지 못하리니, 하나님의 나라를 유업으로 받지 못할 줄을 알지 못하느냐***는 말에 밑줄을 그으라고 요청하십시오.*

토론

- 본문에 의하면, 하나님의 나라를 받지 못하는 사람들의 특징은 무엇입니까?

갈라디아서 5:19-21

19 육체의 일은 분명하니 곧
음행과 더러운 것과 호색과

20 우상 숭배와 주술과 원수
맺는 것과 분쟁과 시기와 분
냄과 당 짓는 것과 분열함과
이단과

21 투기와 술 취함과 방탕함과
또 그와 같은 것들이라 전에
너희에게 경계한 것 같이 경
계하노니 이런 일을 하는 자
들은 하나님의 나라를 유업
으로 받지 못할 것이요

에베소서 5:3–6

3음행과 온갖 더러운 것과 탐욕은 너희 중에서 그 이름조차도 부르지 말라 이는 성도에게 마땅한 바니라

4누추함과 어리석은 말이나 희롱의 말이 마땅치 아니하니 오히려 감사하는 말을 하라

5너희도 정녕 이것을 알거니와 음행하는 자나 더러운 자나 탐하는 자 곧 우상 숭배자는 다 그리스도와 하나님의 나라에서 기업을 얻지 못하리니

6누구든지 헛된 말로 너희를 속이지 못하게 하라 이로 말미암아 하나님의 진노가 불순종의 아들들에게 임하나니

- 여러분 자신이나, 혹은 여러분이 사랑하는 사람이 이러한 죄 때문에 고통을 받은 적이 있습니까? 알코올 중독자인 부모님 때문에 고통을 당한 적이 있습니까? 성적으로 학대를 당한 적이 있습니까?

- 고린도전서 6:10에 따르면, 이러한 사람들이 그리스도를 영접하지 않는다면 하나님의 나라에 들어올 수 있습니까?

• 고린도전서 6:11은 “너희 중에 이와 같은 자들”이 있다고 말씀합니다. 성경에는 11절 말씀처럼 “…이와 같은 자들이 있더니(but)…받았느니라”와 같이 영어 전치사 *but*으로 문장이 연결되는 경우가 종종 있습니다. 이러한 영어 전치사 *but*은 앞의 내용과는 대조적인 내용이 나올 때 사용됩니다. 11절 말씀에서 대조되는 내용을 주목해 볼 때 무엇을 알 수 있습니까? 이것이 우리가 공부하는 용서와 어떠한 관련이 있습니까? 여러분의 대답을 설명해 보십시오.

• 죄악 된 행위로 우리를 괴롭혔던 사람들이 회개한다면 하나님은 그들을 천국으로 받아들이실 것입니다. 그러나 그들이 회개하지 않는다면 하나님께서 그들을 다루실 것입니다. 우리가 해야 할 일은 용서하는 것입니다.

고린도전서 6:9–11

9불의한 자가 하나님의 나라
를 유업으로 받지 못할 줄을
알지 못하느냐 미혹을 받지
말라 음행하는 자나 우상 숭
배하는 자나 간음하는 자나
탐색하는 자나 남색하는 자나

10도적이나 탐욕을 부리는 자
나 술 취하는 자나 모욕하는
자나 속여 빼앗는 자들은 하
나님의 나라를 유업으로 받
지 못하리라

11너희 중에 이와 같은 자들
이 있더니 주 예수 그리스도
의 이름과 우리 하나님의 성
령 안에서 씻음과 거룩함과
의롭다 하심을 받았느니라

골로새서 3:1-10

1그러므로 너희가 그리스도
와 함께 다시 살리심을 받았
으면 위의 것을 찾으라 거기
는 그리스도께서 하나님 우
편에 앉아 계시느니라

2위의 것을 생각하고 땅의 것
을 생각하지 말라

3이는 너희가 죽었고 너희
생명이 그리스도와 함께 하
나님 안에 감추어졌음이라

4우리 생명이신 그리스도께
서 나타나실 그 때에 너희도
그와 함께 영광 중에 나타나
리라

5그러므로 땅에 있는 지체를
죽이라 곧 음란과 부정과 사
욕과 악한 정욕과 탐심이니
탐심은 우상 숭배니라

6이것들로 말미암아 하나님
의 진노가 임하느니라

관찰

이제 골로새에 있는 교인들에게 바울이 편지한 내용을 살펴보려고 합니다. 바울은 우리가 용서의 삶을 살기 원할 때 따라야 할 삶의 원리들을 말하고 있습니다.

인도자: *골로새서 3:1-10을 큰 소리로 읽어보십시오. 그리고 그룹원들에게 다음을 하라고 요청하십시오.*

- ***너희가(you), 너희(your)****와 같은 단어가 나오면 동그라미를 그리십시오.*
- *성도들에게 주는* ***바울의 교훈****에 밑줄을 그으십시오.*

토론

- 본문에서 *너희가(you), 너희(your)*에 표시를 하면서 무엇을 알게 되었습니까?

- 본문에서 성도들은 어떠한 가르침을 받았습니까?

• 이것이 용서와 어떤 실제적인 관련이 있는지 토론해보십시오.

• 5절에서 바울은 성도들에게 어떠한 가르침을 주고 있습니까?

• 이러한 가르침에 대한 순종이 삶에서 어떻게 증명될 수 있습니까?

• 8절은 "이제는"이라는 말로 시작하고 있습니다. 즉 앞의 내용과는 대조되는 내용을 말하겠다는 의미입니다. 무엇이 대조됩니까?

• 성도들은 무엇을 벗어버려야 합니까? 왜 그렇습니까?

7너희도 전에 그 가운데 살
때에는 그 가운데서 행하였
으나

8이제는 너희가 이 모든 것
을 벗어 버리라 곧 분함과 노
여움과 악의와 비방과 너희
입의 부끄러운 말이라

9너희가 서로 거짓말을 하지
말라 옛 사람과 그 행위를 벗
어 버리고

10새 사람을 입었으니 이는
자기를 창조하신 이의 형상
을 따라 지식에까지 새롭게
하심을 입은 자니라

골로새서 3:12-15

12그러므로 너희는 하나님이
택하사 거룩하고 사랑 받는
자처럼 긍휼과 자비와 겸손과
온유와 오래 참음을 옷 입고

13누가 누구에게 불만이 있거
든 서로 용납하여 피차 용서
하되 주께서 너희를 용서하
신 것 같이 너희도 그리하고

14이 모든 것 위에 사랑을 더
하라 이는 온전하게 매는 띠
니라

15그리스도의 평강이 너희 마
음을 주장하게 하라 너희는
평강을 위하여 한 몸으로 부
르심을 받았나니 너희는 또
한 감사하는 자가 되라

관찰

우리는 세상과 구별된 존재로 온전히 하나님께 속해 있습니다. 우리는 바울이 편지에 쓴 것처럼 위의 것을 생각하기 때문에 '거룩'합니다. 골로새서 3:12-15에서 읽은 것처럼, 이러한 사실이 우리가 우리에게 상처를 준 사람들을 대하는 데 있어서 어떤 영향을 미치는지 주목해보십시오.

인도자: *골로새서 3:12-15을 큰 소리로 읽어보십시오. 그리고 그룹원들에게 다음을 하라고 요청하십시오.*

- ***옷 입고(put on)**라는 말에 위로 향한 화살표↑를 그리십시오.*
- ***용서(forgiving, forgave)**라는 단어에 대문자 **X**를 표시하십시오.*

INSIGHT

옷 입다(put on)라는 말은 '옷처럼 덮어 싸다, 두르다, 무언가를 입다'라는 뜻이다. 즉, 그리스도에게 집중하여 그분에게 초점을 맞추고 생각과 행동에서 그분을 닮아가는 것이다. 헬라어 동사 문법상 명령형으로, 즉시 복종해야 하는 것을 뜻한다.

토론

- 12절에 의하면, 하나님께 선택받은 사람은 무엇을 '옷 입어야' 합니까?

- 13절에서 이러한 것들을 옷 입은 결과는 무엇입니까?

- *용서(forgiving, forgave)*라는 말에 표시를 하면서 무엇을 배웠습니까? 우리가 다른 사람을 용서할 때 기준으로 삼아야 할 것은 무엇입니까?

- Insight에서 읽은 내용과 *용서(forgiving, forgave)*라는 말에 표시하면서 알게 된 내용을 토대로 할 때, 상처를 준 사람을 용서하는 것에 대해 배운 바를 토론해보십시오. "예수님이라면 어떻게 하실까?"라는 유명한 어구를 인용해보십시오.

- "누가 누구에게 불만이 있거든"이라는 말씀의 의미는 무엇입니까?

- 사람들이 서로에게 하는 전형적인 불만은 무엇입니까?

60 용서: 과거의 사슬 끊기

에베소서 4:30-32

30하나님의 성령을 근심하게
하지 말라 그 안에서 너희가
구원의 날까지 인치심을 받
았느니라

31너희는 모든 악독과 노함과
분냄과 떠드는 것과 비방하
는 것을 모든 악의와 함께 버
리고

32서로 친절하게 하며 불쌍히
여기며 서로 용서하기를 하
나님이 그리스도 안에서 너
희를 용서하심과 같이 하라

관찰

우리에게 죄를 지은 사람들에게 어떻게 반응해야 하는지에 대해 좀 더 배워보도록 하겠습니다.

인도자: *에베소서 4:30-32을 큰 소리로 읽어보십시오. 그리고 그룹원들에게 다음을 하라고 요청하십시오.*

- ***버리고(put away)****라는 말씀에 곡선 화살표 를 그리십시오.*
- ***용서(forgiving, forgiven)****라는 단어에 대문자 X를 표시하십시오.*

토론

- 본문에 의하면, 무엇이 성령을 근심하게 합니까?

- 우리는 무엇을 '버려야' 합니까?

INSIGHT

악독(*bitterness*)은 사람의 내면을 병들게 하는 뿌리 깊은 적대감을 말한다. 이것은 고의적이든 고의적이지 않던 우리에게 해를 끼친 사람을 향해 우리 안에 적대감을 키울 때 생겨난다. 이 말씀은 점진적인 과정임을 보여주고 있다. 악독은 노함(내적인 감정이 밖으로 표출된 것)을 낳고, 노함은 분냄(무언가를 향해 큰 소리로 화를 표현하는 것)을 낳고, 분냄은 비방(누군가를 나쁘게 말하는 것)을 낳는다.

- 성령을 근심하게 하는 것 외에도, 악독은 우리의 영혼 · 감정 · 육체 · 관계에 어떤 영향을 미칠 수 있습니까?

- 가정이나 교회, 공동체에서 미처 발견하지 못한 악독으로 인해 큰 혼란을 겪었던 경우를 알고 있습니까?

인도자: *한 명을 불러내 이야기를 나눠보십시오.*

베드로전서 2:21-23

21이를 위하여 너희가 부르심을 받았으니 그리스도도 너희를 위하여 고난을 받으사 너희에게 본을 끼쳐 그 자취를 따라오게 하려 하셨느니라

22그는 죄를 범하지 아니하시고 그 입에 거짓도 없으시며

23욕을 당하시되 맞대어 욕하지 아니하시고 고난을 당하시되 위협하지 아니하시고 오직 공의로 심판하시는 이에게 부탁하시며

관찰

인간적인 마음은 무조건적인 용서를 거부합니다. 그러나 우리가 대적을 용서하지 않으면 누가 하겠습니까? 사실 상처를 준 사람에게 똑같이 돌려주고 싶은 것이 우리의 마음입니다. 하지만 예수님은 어떠한 모범을 보여주셨습니까?

인도자: *베드로전서 2:21-23을 읽어보십시오.*

- *그룹원들에게* ***예수님****을 가리키는 모든 말에 십자가* ✝ *를 그리라고 요청하십시오.*

토론

- 본문에서 예수님에 표시를 하면서 무엇을 배웠습니까?

- 다른 사람들에 의해 부당하게 고통을 받으신 예수님의 모습을 볼 때 우리는 무엇을 깨달을 수 있습니까?

- 지금까지 공부한 것들을 기반으로 볼 때, 우리가 다른 사람들을 대하는 태도가 그들이 우리를 어떻게 대하느냐에 달려있다고 생각합니까? 여러분의 대답을 설명해보십시오.

마 무 리

하나님은 말씀을 통해 우리가 무엇을 행해야 하는지 말씀하실 뿐만 아니라, 그 아들의 삶과 죽음을 통해 우리가 따라야 할 삶의 본을 보여주셨습니다. 예수님은 '그들이 대가를 치루게 하는' 것을 거부하시면서 용서의 기준을 세우셨습니다. 예수님은 자신에게 악을 행하는 자들을 묵묵히 참으시고 그들을 용서해주시길 기도했습니다. 우리가 지은 그 죄가 바로 예수님을 십자가에 못 박았다는 사실을 깨달을 때, 예수님의 이러한 용서가 더욱 큰 의미가 있게 됩니다. 우리는 예수님의 죽음에 책임이 있습니다. 우리는 예수님의 손과 발에 못을 박았습니다.

예수님께서 십자가 위에서 죽으시면서 우리에게 베푸신 그 용서를 우리도 다른 사람에게 베풀어야 합니다. 여러분은 어떻습니까? 여러분은 예수님의 모범을 따르시겠습니까?

여러분에게 부당한 일을 한 사람을 그가 회개하든 하지 않던, 또 여러분의 감정이 어떠하든 용서할 수 있어야만 합니다. 여러분이 감정대로 행동한다면 잘못된 방법으로 반응하기 쉽습니다. 그러나 하나님의 말씀에 순종하는 쪽을 선택한다면 결국은 감정적으로도 옳다고 생각하는 바를 따르게 될 것입니다.

그러나 용서하고 싶지 않을 때 어떻게 용서할 수 있습니까?

먼저, 용서는 선택이지 감정이 아니라는 사실을 깨달아야 합니다. 하나님께서 우리에게 다른 사람을 용서하라고 명령하셨기 때문에 용서하지 않는 것은 하나님께 순종하지 않는 것과 같습니다. 용서는 우리의 감정이나 생각과 상관없이 순종해야 할 명령이지 제안이 아닙니다.

둘째, 여러분이 다른 사람을 용서한다고 해서 그 사람과 하나님의 관계가 풀어지는 것은 아니라는 점을 알아야 합니다. 여러분이 용서했다고 해서 그들이 저지른 일에 대해 그들이 책임지지 않아도 된다는 의미는 아닙니다.

예수님은 자신의 몸으로 죄를 받으시고 결국 십자가에 달리셨습니다. 하지만 회개하지 않은 모든 죄는 하나님에 의해 심판을 받게 될 것입니다(히 10:26-27; 살후 1:6-9). 다시 말해, 그들이 회개하지 않고 예수님을 믿지 않는다면 지옥에 갈 것이라는 의미입니다. 용서하는 것과 예수님을 구세주로 받아들이는 것은 별개의 것이 아닙니다.

믿음의 사람은 육체적으로, 감정적으로, 성적으로, 정신적으로 학대한 사람들을 용서함으로 예수 그리스도의 성품과 사랑을 드러내야 합니다. 바로 그리스도께서 자신을 대적한 사람들을 용서하셨듯이 말입니다. 용서하기를 거부하는 것은 사람들에게 그리스도의 성품을 보이지 않는 것입니다. 그러나 여러분이 그들을 용서해도 그들이 회개하지 않는다면 그들은 심판을 받을 것입니다. 여러분을 통해 그리스도의 복음의 실체를 귀로 직접 듣고 눈으로 직접 보았는데도 회개하지 않았기 때문입니다(마 11:22-24, 12:41-42; 계 20:11-13).

이러한 모든 진리에도 불구하고 아직도 다른 사람을 용서하는 문제를 두고 씨름하고 있다면, **예수님께서 여러분을 어떻게 용서하셨는지 다시 한 번 깊이 생각해보아야 합니다.** 기억하십시오! 여러분이 다른 사람을 용서하는 것은 그저 연약한 죄인들이 서로의 허물을 감싸는 것에 불과합니다. 우리는 모두 완벽한 존재가 아니기 때문입니다. 하지만 하나님이 우리에게 베푸신 용서는 온전히 거룩하신 하나님을 거역한 죄인을 용서하신 것임을 기억하십시오.

2) Adapted from *Lord, Heal My Hurts* by Kay Arthur (Colorado Springs, CO: WaterBook Press, 1989, 2000).

제 5 과

지금까지 우리는 서로 용서해야 하고 서로에게 자비를 베풀어야 한다는 사실을 배웠습니다. 그리고 이것이 어떻게 가능한지를 배웠습니다. 또한 우리에게 상처를 주고 그것을 회개하지 않는 사람들에게 어떻게 반응해야 하는지도 배웠습니다. 이제 문제는 *'내가 누군가를 진정으로 용서했는지를 어떻게 알 수 있는가?'* 입니다. 이번 과에서는 이 질문에 대한 답을 알아보도록 하겠습니다.

관찰

예수님 당시에는 랍비가 저녁식사에 참석하면 사람들이 그를 둘러싸고 그의 가르침을 듣는 것이 일반적인 일이었습니다.

인도자: *누가복음 7:36-39을 큰 소리로 읽어보십시오. 그리고 그룹원들에게 다음을 하라고 요청하십시오.*

- ***여자****와 그 대명사에 동그라미를 그리십시오.*
- ***바리새인****과 그 대명사에 대문자 P를 표시하십시오.*

토론

- 본문에서 *여자*에 표시를 하면서 무엇을 배웠습니까?

누가복음 7:36-39

36한 바리새인이 예수께 자
기와 함께 잡수시기를 청하
니 이에 바리새인의 집에 들
어가 앉으셨을 때에

37그 동네에 죄를 지은 한 여
자가 있어 예수께서 바리새인
의 집에 앉아 계심을 알고 향
유 담은 옥합을 가지고 와서

38예수의 뒤로 그 발 곁에 서
서 울며 눈물로 그 발을 적시
고 자기 머리털로 닦고 그 발
에 입맞추고 향유를 부으니

39예수를 청한 바리새인이
그것을 보고 마음에 이르되
이 사람이 만일 선지자라면
자기를 만지는 이 여자가 누
구며 어떠한 자 곧 죄인인 줄
을 알았으리라 하거늘

• 바리새인은 여자의 행동을 보고 어떤 생각을 했습니까?

INSIGHT

바리새인들은 당시 신앙적으로 보수적인 사람들이었다. 그들은 스스로 의롭다 여기며 정결의례, 금식, 기도, 구제 등 가시적인 의식들을 지키며 다른 사람과 구별되고 칭송 받기를 원했다. 그들은 진정한 경건성을 무시하고 자신들의 선행을 자랑하며 내면의 상태보다는 겉으로 보이는 모습을 자랑했다.

여인의 옥합에는 향유가 들어있었는데, 당시 그것은 매우 값진 물건이었다.

관찰

***인도자:** 누가복음 7:40–48을 큰 소리로 읽어보십시오. 그리고 그룹원들에게 다음을 하라고 요청하십시오.*

- *바리새인 시몬을 가리키는 말에 대문자 **P**를 표시하십시오. 그 대명사에도 주의하여 표시하십시오.*
- ***여인**과 그 대명사에 동그라미를 그리십시오.*

***인도자:** 누가복음 7:40–48을 다시 읽어보십시오. 이번에는 그룹원들에게 다음을 하라고 요청하십시오.*

- ***용서(forgave, forgiven)**라는 말에 대문자 **X**를 표시하십시오.*
- ***사랑**이라는 말이 나올 때마다 하트 모양 ♡ 을 그리십시오.*

토론

- 예수님은 왜 빚 주는 사람 이야기를 하셨습니까?
- 이 말씀의 요점은 시몬과 어떻게 연관됩니까? 여인과는 어떻게 연관됩니까? 우리와는 어떻습니까?
- 이 말씀이 오늘날에는 어떻게 적용될 수 있을지 나눠보십시오.

누가복음 7:40–48

40예수께서 대답하여 이르시
되 시몬아 내가 네게 이를 말
이 있다 하시니 그가 이르되
선생님 말씀하소서

41이르시되 빚 주는 사람에게
빚진 자가 둘이 있어 하나는
오백 데나리온을 졌고 하나
는 오십 데나리온을 졌는데

42갚을 것이 없으므로 둘 다
탕감하여 주었으니 둘 중에
누가 그를 더 사랑하겠느냐

43시몬이 대답하여 이르되
내 생각에는 많이 탕감함을
받은 자니이다 이르시되 네
판단이 옳다 하시고

44그 여자를 돌아보시며 시
몬에게 이르시되 이 여자를
보느냐 내가 네 집에 들어올
때 너는 내게 발 씻을 물도
주지 아니하였으되 이 여자
는 눈물로 내 발을 적시고 그
머리털로 닦았으며

45너는 내게 입맞추지 아니
하였으되 그는 내가 들어올
때로부터 내 발에 입맞추기
를 그치지 아니하였으며

46너는 내 머리에 감람유도
붓지 아니하였으되 그는 향
유를 내 발에 부었느니라

47이러므로 내가 네게 말하노
니 그의 많은 죄가 사하여졌
도다 이는 그의 사랑함이 많
음이라 사함을 받은 일이 적
은 자는 적게 사랑하느니라

48이에 여자에게 이르시되
네 죄 사함을 받았느니라 하
시니

- 41–42절과 47–48절에 나오는 예수님의 말씀 사이에는 어떤 유사점이 있습니까?

- 여인의 죄에 대해 무엇을 알 수 있었습니까? 여인은 죄를 자각하고 있었습니까? 여러분의 대답을 설명해보십시오.

- 그의 죄와 관련하여 시몬에 대해서는 무엇을 알 수 있었습니까? 시몬은 죄를 자각하고 있었습니까? 여러분의 대답을 설명해보십시오.

- 여인이 죄를 용서받은 것은 그녀가 사랑했기 때문이 아니었습니다. 오히려 그녀는 죄를 용서받았기 때문에 사랑한 것입니다. 죄를 용서받은 정도가 사랑의 정도를 나타낸다는 점에 대해 무엇을 배웠습니까?

- 죄의 깊이를 이해하는 것이 용서의 문제에 있어서 우리의 생각과 행동에 어떠한 영향을 미칩니까?

- 여러분은 두 사람 중 누구와 더 비슷합니까? 자신의 죄를 깨닫고 눈물과 겸손으로 예수님을 받든 여인입니까, 아니면 외적으로만 의로운 시몬입니까? 삶 속에서 여러분의 대답을 지지할만한 증거가 있습니까?

관찰

앞의 본문을 통해, 우리는 용서해야 하며 그것은 저절로 이루어지는 것이 아님을 살펴보았습니다. 즉 우리에게는 용서할 책임이 있음을 살펴보았습니다. 이제는 진정한 용서의 결과와 그것이 우리의 삶에서 어떻게 드러나는지를 살펴보려고 합니다.

인도자: *골로새서 3:12–15을 큰 소리로 읽어보십시오. 그리고 그룹원들에게 다음을 하라고 요청하십시오.*

- ***옷 입다(put on)**라는 표현이 나오면 위로 향한 화살표 ↑를 그리십시오.*
- ***용서(forgiving, forgave)**라는 단어가 나오면 대문자 **X**를 표시하십시오.*
- ***마음, 사랑**이라는 말이 나오면 하트 모양 ♡을 그리십시오.*

토론

- 용서라는 말에 표시를 하면서 무엇을 배웠는지 서로 나눠보십시오.

골로새서 3:12–15

12그러므로 너희는 하나님이
택하사 거룩하고 사랑 받는
자처럼 긍휼과 자비와 겸손과
온유와 오래 참음을 옷 입고

13누가 누구에게 불만이 있거
든 서로 용납하여 피차 용서
하되 주께서 너희를 용서하
신 것 같이 너희도 그리하고

14이 모든 것 위에 사랑을 더
하라 이는 온전하게 매는 띠
니라

15그리스도의 평강이 너희 마
음을 주장하게 하라 너희는
평강을 위하여 한 몸으로 부
르심을 받았나니 너희는 또
한 감사하는 자가 되라

• 12절에 의하면, 용서하기로 선택하면 용서하도록 도와주는 무엇을 '옷 입게' 됩니까? 어떻게 그것이 여러분이 용서하도록 도와주는지를 설명해보십시오.

INSIGHT

서로 용납하라(bearing with one another)는 말은 '서로 참아주라'는 의미이다. 그리스도의 몸에는 불만이 차지할 자리가 없다. 불만은 분함, 노여움, 악의, 비방, 부끄러운 말, 거짓말을 끌어온다. 이미 이러한 죄를 벗어버리라고 앞 절에서 가르치고 있다(골 3:8-9).

• 서로 용납하는 행위를 실질적으로 실천한다면 이것이 믿는 자의 삶에서, 또한 교회나 공동체에서 어떤 영향을 미칠지 토론해보십시오.

• 하나님은 어느 정도까지 용서해주셨습니까? 그리고 이것이 믿는 우리에게 어떻게 연결될 수 있습니까?

INSIGHT

마음속으로부터 진심으로 용서했는지를 어떻게 알 수 있는가? 마음에 평안을 경험한다면, 그것이 증거가 될 것이다.

"그리스도의 평강이 너희 마음을 주장하게 하라"는 명령이 아니다. 오히려 이것은 하나의 표식이다. 우리 안에 평강이 없다는 것은 하나님의 말씀에 순종하지 않았다는 증거가 된다.

*주장하게 하라(rule)*는 동사는 운동 용어로 '경기에 임해서 상을 분배하다'는 뜻이다. 이 용어는 사실상 '심판을 보다'라는 의미이다. 믿는 자들 사이에 불화가 있다면, 하나님의 평강이 우리의 마음을 심판할 것이다. 믿는 자들 사이에서 관계가 깨어질 때, 그것은 그 중 한두 명이 하나님과 교제하지 않기 때문이다.

• 14절에 의하면, 우리가 또 '옷 입어야 할 것'은 무엇이고 그것은 어떻게 표현되어 있습니까? 그것은 사람과 사람 사이에서 어떤 역할을 합니까? 여러분의 대답을 설명해보십시오.

• Insight에서 읽은 내용과 15절을 볼 때, 진심으로 용서했다는 가장 좋은 증거는 무엇입니까?

• 지금까지 공부한 내용을 근거로 하여, 이것이 믿는 자의 삶에서 어떤 모습으로 나타날지 설명해보십시오.

요한일서 4:19

19우리가 사랑함은 그가 먼저
우리를 사랑하셨음이라

에베소서 4:31–5:2

31너희는 모든 악독과 노함과
분냄과 떠드는 것과 비방하
는 것을 모든 악의와 함께 버
리고

32서로 친절하게 하며 불쌍히
여기며 서로 용서하기를 하
나님이 그리스도 안에서 너
희를 용서하심과 같이 하라

관찰

인도자: *요한일서 4:19과 에베소서 4:31–5:2을 큰 소리로 읽어보십시오. 그리고 그룹원들에게 다음을 하라고 요청하십시오.*

- ***용서(forgiving, forgiven)**라는 말에 대문자 **X**를 표시하십시오.*
- ***사랑을 받는(beloved), 사랑하신(loved), 사랑(love)**이라는 말이 나올 때마다 하트 모양 ♡을 그리십시오.*

토론

• 사랑이라는 말에 표시를 하면서 무엇을 배웠습니까?

• 용서라는 말에 표시를 하면서 무엇을 배웠습니까?

• 31절에 언급된 것들이 우리가 용서하지 않을 때(마음에 큰 상처를 받아 고통으로 가득찼을 때) 어떻게 분명히 드러나는지 토론해보십시오.

관찰

고린도 교회 성도 중 한 명이 바울을 몹시 힘들게 했습니다. 하지만 바울은 그를 긍휼히 여깁니다. 바울의 편지에서 드러나는 그의 사랑과 본이 되는 모습을 주의하여 살펴보십시오. 바울은 교인들에게 자신에게 해를 끼친 사람을 용서하라고 권면합니다.

인도자: *고린도후서 2:5–11을 큰 소리로 읽어보십시오. 그리고 그룹원들에게 다음을 하라고 요청하십시오.*

- ***용서**라는 말이 나오면 대문자 **X**를 표시하십시오.*
- ***사랑**이라는 말에 하트 모양을 그리십시오.*

5:1그러므로 사랑을 받는 자
녀 같이 너희는 하나님을 본
받는 자가 되고

2그리스도께서 너희를 사랑
하신 것 같이 너희도 사랑 가
운데서 행하라 그는 우리를
위하여 자신을 버리사 향기
로운 제물과 희생제물로 하
나님께 드리셨느니라

고린도후서 2:5–11

5근심하게 한 자가 있었을지
라도 나를 근심하게 한 것이
아니요 어느 정도 너희 모두
를 근심하게 한 것이니 어느
정도라 함은 내가 너무 지나
치게 말하지 아니하려 함이라

6이러한 사람은 많은 사람에
게서 벌 받는 것이 마땅하도다

7그런즉 너희는 차라리 그를
용서하고 위로할 것이니 그
가 너무 많은 근심에 잠길까
두려워하노라

8그러므로 너희를 권하노니
사랑을 그들에게 나타내라

9너희가 범사에 순종하는지
그 증거를 알고자 하여 내가
이것을 너희에게 썼노라

10너희가 무슨 일에든지 누구
를 용서하면 나도 그리하고
내가 만일 용서한 일이 있으
면 용서한 그것은 너희를 위
하여 그리스도 앞에서 한 것
이니

11이는 우리로 사탄에게 속지
않게 하려 함이라 우리는 그
계책을 알지 못하는 바가 아
니로라

토론

- 본문에서 용서를 나타내는 말에 표시를 하면서 무엇을 배웠습니까?
- 어떤 면에서 용서는 상한 마음을 치유하도록 돕는 약이라 할 수 있습니다. 7절에 의하면, 왜 용서를 해야 한다고 말씀하고 있습니까?
- 여러분이 아는 사람 중에 죄를 지었는데 용서를 받은 경험이 있다면 말해보십시오. 용서를 통해 어떻게 달라졌습니까?
- 바울은 왜 고린도 교인들에게 자신에게 해를 끼친 사람에게 사랑을 보여주라고 촉구했습니까?
- 11절에 의하면, 용서하고 사랑하기를 거부하면 어떤 일이 일어날 수 있습니까?

• 하나님이 우리를 용서한 그 용서가 얼마나 큰 것인지를 더 깊이 이해할수록 우리도 더 많이 사랑할 수 있습니다. 이것을 알게 되었습니까? 또한 더 많이 사랑하면 용서하기가 더 쉬운 것입니까? 기억하십시오! 용서는 의지의 문제입니다. 감정과 상관없이 하나님께 순종하고자 선택하는 것입니다. 하나님의 말씀대로 걷고자 선택할 때 감정이 훨씬 빨리 치유되는 것을 알게 될 것입니다.

인도자: *시간이 허락한다면 그룹원들과 기도하는 시간을 가지십시오. 그동안 다른 사람을 온전히 사랑하지 못하고 해를 끼친 사람을 용서하지 않으려고 고집했던 것에 대해 용서를 구하라고 하십시오. 지금 당장 충분한 시간을 낼 수 없다면, 그룹원들이 차후에 따로 시간을 내어 이런 기도의 시간을 꼭 가지도록 권면하십시오.*

마 무 리

다른 사람을 진정으로 용서하면 미움이 있던 자리에 사랑이 생겨납니다. 사랑은 단순히 '따뜻하고 부드러운 감정'이 아닌 행동입니다. *사랑(love)*은 행동하는 동사입니다. 여러분은 '하나님의 형상대로 지음 받은 자들로서', '그리스도께서 여러분을 사랑하시므로 우리를 위하여 자신을 버리사 향기로운 제물과 희생제물로 하나님께 드리신 것처럼 사랑 안에서 행해야'(엡 5:1–2) 합니다.

용서했다 해도 사랑하는 것까지는 어려울지 모릅니다. 하지만 진정한 용서는 희생을 감수하게 합니다. 용서와 사랑은 마치 샴쌍둥이와 같아서 한 마음을 공유합니다. 예수님께서 여러분을 용서하지 않으셨다면, 사랑하려 하지도 않으셨을 것이고 여러분을 위해 무언가를 하려고 하지도 않으셨을 겁니다! 하지만 이와 정반대로 예수님은 여러분과 *간절히* 교제하기를 원하셨습니다. 그분은 여러분을 용서하시고, 여러분이 한 번도 죄를 지은 적이 없는 것처럼 대하셨습니다. 이것이 바로 하나님의 용서 방법입니다. 여러분의 용서도 이와 같아야 합니다. 따라서 여러분이 누군가를 용서했다고 하면서도 그를 위해 아무것도 하고 싶지 않다면, 다시 하나님께 나아가 무엇이 그를 사랑하는 것을 막고 있는지 물어보아야 합니다. "누구든지 하나님을 사랑하노라 하고 그 형제를 미워하면 이는 거짓말하는 자니 보는 바 그 형제를 사랑하지 아니하는 자는 보지 못하는 바 하나님을 사랑할 수 없느니라 우리가 이 계명을 주께 받았나니 하나님을 사랑하는 자는 또한 그 형제를 사랑할지니라"(요일 4:20–21).

이번 과를 마치면서 한 아버지가 성장한 아들에게 쓴 편지를 한번 살펴보겠습니다.

> 사랑하는 아들에게,
>
> 아들아, 나는 부모님을 실망시키는 행동을 후회하면서도 늘 잘못된 선택만 하며 인생의 대부분을 살았단다. 정작 붙들고 싸워야 했던 진짜 불은 그냥 방치한 채 말이다. 이렇게 말하면서 내 책임을 회피하려는 것은 아니란다. 비록 지난날의

잘못을 통해 교훈은 얻었지만, 그때는 정말 믿을 수 없을 정도로 미숙하고 무능력했던 사람이었다.

너는 늘 나를 존경해 주었지. 나는 그런 존경을 받을 자격이 없었는데 말이다. 네가 그동안 이룬 성과들이 얼마나 많으냐! 그런데 넌 그런 성과들을 늘 나와 나누려고 했지. 마치 내가 너의 성공에 일조라도 한 것처럼 말이다. 그러면 나는 흔쾌히 그 역할을 받아들였지. 하지만 너나 나나 내가 아무런 역할도 하지 않았다는 것을 알고 있었지. 사실 넌 나 때문에 이런 일들을 할 수 있었던 것이 아니라, 내가 있는데도 불구하고 그런 성과를 냈던 거란다. 예전에는 어머니가 내 허물을 감추어 주시더니, 이제는 네가 내 허물을 감추어 주는구나.

최근에 옛날 사진을 들추어 본 적이 있단다. 그 중 몇몇 사진은 네 사진이었지. 그런데 사진을 보며 예전에는 몰랐던 사실을 알게 되었단다. 아주 어릴 적 사진에서 너는 아무 근심 걱정 없는 모습으로 우체통 옆에 서있거나 오래된 헛간 앞에 서 있었단다. 정말 천진난만한 표정이었지! 그런데 나중에 찍은 사진들을 보니 뭔가 다른 모습들이 보이더구나. 네 눈에서 분노와 슬픔이 보이기 시작했단다. 아주 미묘한 변화였지만 숨길 수 없는 변화였지. 네 눈에서 사랑스러움은 마치 사막의 신기루처럼 바래지고 있었단다. 하지만 완전히 사라진 것은 아니었다. 너는 사탄이 간절히 원하는 젊은이였지만, 십자가의 그늘을 벗어날 수 없었던 것이겠지. 너는 잘 기억이 나지 않겠지만, 네 할머니가 끊임없이 너를 위해 기도하면서 네 삶에 십자가가 새겨졌던 것이란다.

아들아, 너에게 용서를 빌며 내 마음의 짐을 덜어보고 싶구나. 너는 이미 나를 용서했지만 내가 네게 용서를 구하지는 않았으니 말이다. 그리고 마지막으로 한 가지만 더 말하겠다. 아들아, 내가 너를 사랑하지 않았던 적은 한번도 없었단다. 그리고 앞으로도 그런 일은 없을 거란다.

아빠가.

78	용서: 과거의 사슬 끊기

아들은 이미 오래 전 아버지를 용서했습니다. 그렇게 용서했기 때문에 아들은 아버지를 존중하고 사랑할 수 있었던 것입니다. 그리고 그 사랑과 존중이 아버지로 하여금 이렇게 용서를 구하는 편지를 쓸 수 있게 한 것입니다. 우리가 시작하면서 살펴보았던 가족의 이야기와는 다르게 이 가족은 그들의 삶을 자유롭게 하는 용서의 힘을 경험하고 있습니다. 그들의 감정은 치유되었고, 관계도 회복되었으며, 유대관계가 새로워지고 더 강력해졌습니다.

오직 용서의 힘으로만 이러한 회복과 치유가 가능합니다. 여러분은 어떻습니까? 여러분은 "하나님, 당신께 온전히 순종하여 저도 용서하기를 원합니다. 도와주세요!"라고 기도하시겠습니까?

제 6 과

과거를 극복하는 것이 가능합니까? 그렇다면, 어떻게 가능합니까? 비록 우리는 과거에 일어난 일을 바꿀 수는 없지만, 용서를 통해 그 일이 우리에게 미치는 영향은 바꿀 수 있습니다.

이제 마지막 과를 공부하면서, 삶 가운데 이러한 용서의 힘을 체험하기 위해 우리가 마지막으로 해야 할 일이 무엇인지 알아보도록 하겠습니다.

관찰

여러분이 지금 과거에 받은 상처의 고통 속에서 용서라는 개념을 받아들이려고 씨름하고 있다면, 다음 두 가지 질문에 대답할 수 있어야 합니다. 먼저, 첫 번째 질문을 살펴보겠습니다. "당신은 정말 회복되고 싶습니까?" 좀 이상한 질문처럼 들립니까? 하지만 이에 대한 대답이 바로 핵심 진리입니다.

인도자: *요한복음 5:1–9을 큰 소리로 읽어보십시오. 그리고 그룹원들에게 다음을 하라고 요청하십시오.*

- ***예수님**과 그 대명사 및 동의어에 십자가* ✝ *를 그리십시오.*
- ***병자**와 그 대명사에 밑줄을 그으십시오.*

요한복음 5:1–9

1그 후에 유대인의 명절이 되
어 예수께서 예루살렘에 올
라가시니라

2예루살렘에 있는 양문 곁에
히브리 말로 베데스다라 하
는 못이 있는데 거기 행각 다
섯이 있고

3그 안에 많은 병자, 맹인,
다리 저는 사람, 혈기 마른
사람들이 누워 [물의 움직임
을 기다리니

4이는 천사가 가끔 못에 내
려와 물을 움직이게 하는데
움직인 후에 먼저 들어가는

자는 어떤 병에 걸렸든지 낫
게 됨이러라]

5거기 서른여덟 해 된 병자
가 있더라

6예수께서 그 누운 것을 보
시고 병이 벌써 오래된 줄 아
시고 이르시되 네가 낫고자
하느냐

7병자가 대답하되 주여 물이
움직일 때에 나를 못에 넣어
주는 사람이 없어 내가 가는
동안에 다른 사람이 먼저 내
려가나이다

8예수께서 이르시되 일어나
네 자리를 들고 걸어가라 하
시니

9그 사람이 곧 나아서 자리
를 들고 걸어가니라 이 날은
안식일이니

토론

- 본문에서 예수님이 만난 병자에 표시를 하면서 무엇을 배웠습니까?

- 예수님은 그 병자의 병이 이미 오래된 줄을 아시면서, 그에게 이상한 질문을 하십니다. 그 질문은 무엇이고, 왜 예수님은 그 질문을 하셨다고 생각합니까?

- 그 병자는 예수님의 질문에 대답을 했습니까? 어떻게 대답했습니까? 여러분의 대답을 설명해보십시오.

- 여러분은 어떻습니까? 만약 예수님이 여러분에게 이렇게 물으신다면, 여러분은 어떻게 대답하겠습니까? 대답을 직접 말하지 말고 속으로 생각해보십시오.

• 여러분은 정말로 낫기를 원하는지 질문을 받았습니다. 여러분의 과거의 상처가 치유되는 것에 관련하여 여러분이 느끼는 주저함, 두려움, 의문들이 있다면 먼저 적어보는 것이 도움이 될 것입니다. 그리고 나중에 이 기록을 다시 꺼내보면, 하나님께서 여러분에게 어떻게 행하셨는지 보게 될 것입니다.

인도자: *그룹원들이 이 문제를 충분히 생각하도록 시간을 주십시오.*

관찰

정말로 낫기를 원하느냐는 앞의 질문에 여러분이 만약 그렇다고 대답했다면, 이제 다음 질문을 하겠습니다. 여러분은 회복되기 위해 하나님의 관점에서 필요한 일을 행할 생각이 있습니까? 다시 말해, 여러분은 용서하겠습니까, 아니면 여러분의 방식대로 치유의 방법을 찾겠습니까?

우리는 앞서 에베소서 4:31-32을 몇 차례 살펴보았습니다. 하지만 이번에는 위에서 받은 질문을 생각하며 이 본문을 다시 한 번 살펴보겠습니다.

에베소서 4:31–32

31너희는 모든 악독과 노함과 분냄과 떠드는 것과 비방하는 것을 모든 악의와 함께 버리고

32서로 친절하게 하며 불쌍히 여기며 서로 용서하기를 하나님이 그리스도 안에서 너희를 용서하심과 같이 하라

히브리서 12:15

15너희는 하나님의 은혜에 이르지 못하는 자가 없도록 하고 또 쓴 뿌리가 나서 괴롭게 하여 많은 사람이 이로 말미암아 더럽게 되지 않게 하며

인도자: *에베소서 4:31–32과 히브리서 12:15을 큰 소리로 읽어보십시오.*

- 그룹원들에게 **악독**(bitterness), **쓴 뿌리**(root of bitterness)에 구불구불한 밑줄 〰 을 그으라고 요청하십시오.

토론

- 악독이라는 표현에 표시를 하면서 무엇을 배웠습니까?

- 본문을 통해서, 믿는 자는 고통이 찾아올 때 무엇을 해야 할 책임이 있음을 알게 되었습니까?

- 에베소서 4:31에 의하면, 믿는 자는 무엇을 '버려야' 합니까?

- 이것들을 버리고 나서 믿는 자가 해야 할 일은 무엇입니까?

- 31–32절에 묘사된 특징들은 어떤 관계입니까?

관찰

인도자: *시편 139:23-24을 큰 소리로 읽어보십시오. 그리고 그룹원들에게 다음을 하라고 요청하십시오.*

- ***나를(me), 내(my)***와 *같은 대명사에 밑줄을 그으십시오.*
- ***하나님***을 *언급하는 표현에 세모 △ 를 그리십시오.*

토론

- 이 시편을 기록한 사람은 누구입니까?

- *나를(me), 내(my)*와 같은 대명사에 표시를 하면서 알게 된 것을 기반으로 볼 때, 시편 기자는 무엇을 구하고 있습니까? 구한 내용을 적어보십시오.

- 시편 기자는 하나님께서 구한 것을 이루어주실 것을 믿었습니까?

- 여러분도 하나님께 기도하는 시간을 갖고 시편 기자와 같은 간구를 해보겠습니까? 만약 여러분 안에 무언가 숨겨진 것이 있는데, 그것이 만져질 필요가 있다면 하나님께서 그것을 드러내실 것입니다. 가장 어려운 것은 하나님께 그렇게 해달라고 요청하는 것입니다.

그렇다고 하나님께서 잊어버리게 하신 일을 알아내

시편 139:23-24

23하나님이여 나를 살피사
내 마음을 아시며 나를 시험
하사 내 뜻을 아옵소서

24내게 무슨 악한 행위가 있
나 보시고 나를 영원한 길로
인도하소서

라고 말하는 것은 아닙니다. 단지 하나님께서 우리 안에 있는 용서하지 못하는 마음을 드러내시도록 하라는 말입니다. 그래야 길르앗의 치유의 향유가 발라질 수 있습니다. 하나님께서 여러분 안에 있는 근심과 고통을 드러내시는 것은 우리가 치유받을 수 있도록 돕기 위함입니다. 하나님께서 드러내실 때 무시하거나, 여러분이 이미 해결했다고 속단하지 마십시오. 여러분 스스로 그러한 감정이 있음을 애써 거부하거나 감추고 있기 때문에 하나님께서 드러내시는 것입니다. 또한 그런 과정에서 그 감정들이 더 커지고 있기 때문에 하나님께서 드러내시는 것입니다. 이점을 명심하십시오. 하나님은 전지전능하십니다. 하나님은 여러분이 자신을 아는 것보다 여러분을 더 잘 알고 계십니다. 여러분이 치유되기 위해서는 이러한 감정들이 다루어져야 합니다. 하나님은 여러분을 사랑하시며 여러분에게 가장 좋은 것을 주시기 원하신다는 점을 꼭 기억하십시오.

이제 하나님께 이렇게 해달라고 기도하겠습니까?
(반드시 큰 소리로 대답할 필요는 없습니다.)

관찰

인도자: *빌립보서 3:13–14과 이사야 43:18–19, 25을 큰 소리로 읽어보십시오. 그리고 그룹원들에게 다음을 하라고 요청하십시오.*

- ***뒤에 있는 것*(what lies behind), *이전 일*(former things), *옛날 일*(things of the past)**에 곡선 화살표  를 그리십시오.
- ***기억하지 말며, 생각하지 말며, 잊어버리고***라는 말에 구름 모양  을 그리십시오.

토론

- 본문에 의하면, 믿는 자들은 과거를 어떻게 해야 합니까?

INSIGHT

어떤 일을 잊거나, 더 이상 기억하지 않고 생각하지 않는 것만으로도 우리는 그것으로부터 어떤 영향을 받지 않을 수 있다. 하나님께서는 과거의 상처를 지우기 위해 우리에게 어떤 불가능한 정신적 재주를 부리라고 하지 않으셨고, 심리적 훈련을 받으라고도 하지 않으셨다. 우리는 과거에 일어난 일을 바꿀 수 없다. 그러나 용서는 과거가 우리의 미래에 끼칠 영향을 바꿀 수 있다.

빌립보서 3:13–14

13형제들아 나는 아직 내가
잡은 줄로 여기지 아니하고
오직 한 일 즉 뒤에 있는 것
은 잊어버리고 앞에 있는 것
을 잡으려고

14푯대를 향하여 그리스도 예
수 안에서 하나님이 위에서
부르신 부름의 상을 위하여
달려가노라

이사야 43:18–19, 25

18너희는 이전 일을 기억하지
말며 옛날 일을 생각하지 말
라

19보라 내가 새 일을 행하리
니 이제 나타낼 것이라 너희
가 그것을 알지 못하겠느냐
반드시 내가 광야에 길을 사
막에 강을 내리니

25나 곧 나는 나를 위하여 네
허물을 도말하는 자니 네 죄
를 기억하지 아니하리라

• 빌립보서 3:13-14에 의하면, 바울은 또 무엇을 하기로 결심하고 있습니까?

INSIGHT

*달려가노라(I press)*는 말은 힘써 노력한다는 의미를 담고 있다. 헬라어는 사냥꾼이 힘을 다해 사냥감을 쫓는다는 의미를 담고 있다. 승리하는 선수가 되는 것은 강의를 듣거나 영화를 보고 책을 읽으며 게임을 즐기는 것으로 되는 것이 아니다. 경기에 최선을 다해 임하고, 이기고자 결단할 때 승리할 수 있는 것이다. 이와 같이 여러분도 힘써 노력해서 과거를 극복하고자 결단해야 한다.

• 여기서 배운 진리들이 여러분의 삶에 얼마나 영향을 줄 수 있을지 나눠보십시오. 과거의 아픈 기억이 떠올라 마음이 괴로울 때, 실제적으로 취할 수 있는 방법에는 어떤 것들이 있습니까?

관찰

5과에서 우리는 고린도후서 2장을 바울의 관점에서 살펴보았습니다. 바울이 자신에게 큰 고통을 안겨준 사람을 긍휼히 여기는 모습을 배웠습니다. 이제 다시 한 번 그 본문을 볼 텐데, 이번에는 교회의 관점에서 보려고 합니다. 그리고 용서하지 않는 것이 교회에 어떤 영향을 끼치는지 알아보겠습니다.

많은 학자들이 고린도후서 2장은 고린도전서 5:1과 연결되어 있다고 믿고 있습니다. 고린도전서 5:1에서 바울은 고린도 교인들에게 공개적으로 죄를 지은 사람을 벌하라고 권면하고 있습니다. 교회는 분명 바울의 지시에 따랐고, 그 결과 죄 지은 사람은 회개를 했습니다. 그러나 교회는 그 사람을 다시 받아들이는 것을 거부했던 것으로 보입니다.

인도자: *그룹원들에게 고린도후서 2:5–11을 읽고, 다음을 하라고 요청하십시오.*

- ***근심하게 한 자****에 밑줄을 그으십시오.*
- ***너희****라는 표현이 나오면 동그라미를 그리십시오.*
- ***용서****라는 말이 나오면 대문자* ***X****를 그리십시오.*

고린도후서 2:5–11

5근심하게 한 자가 있었을지
라도 나를 근심하게 한 것이
아니요 어느 정도 너희 모두
를 근심하게 한 것이니 어느
정도라 함은 내가 너무 지나
치게 말하지 아니하려 함이라

6이러한 사람은 많은 사람에
게서 벌 받는 것이 마땅하도다

7그런즉 너희는 차라리 그를
용서하고 위로할 것이니 그
가 너무 많은 근심에 잠길까
두려워하노라

8그러므로 너희를 권하노니
사랑을 그들에게 나타내라

9너희가 범사에 순종하는지
그 증거를 알고자 하여 내가
이것을 너희에게 썼노라

10너희가 무슨 일에든지 누구
를 용서하면 나도 그리하고 내
가 만일 용서한 일이 있으면
용서한 그것은 너희를 위하여
그리스도 앞에서 한 것이니

11이는 우리로 사탄에게 속지 않게 하려 함이라 우리는 그 계책을 알지 못하는 바가 아니로라

토론

- 잘못을 저지른 사람에 표시를 하면서 무엇을 배웠습니까?
- 그 사람은 바울 말고도 누구에게 해를 끼쳤습니까?
- 바울은 교회를 향해 그 사람에게 어떻게 하라고 가르치고 있습니까?
- 본문을 통해 볼 때, 바울은 공개 사과, 혹은 개인적인 사과를 요구했습니까?
- 이 본문을 통해 볼 때, 바울은 근심하게 한 자에 대해 어떤 태도를 갖고 있는 것 같습니까?
- 바울의 기록으로 볼 때, 교회는 그 사람을 향해 어떤 태도를 보였던 것으로 보입니까?
- 우리 중 많은 사람들이 쉽게 화를 내는 경향이 있습니다. 또한 우리가 참고 있던 일에 누군가 분노를 표출하면 그와 함께 희생자를 만들어냅니다. 우리는 본성적으로 잘못을 저지른 사람이 고통을 받으며 그 대가를 치러야 정당하다고 느낍니다. 여러분은 어떻습니까? 여러분도 쉽게 화를 냅니

까? 여러분도 누군가 여러분 대신 화를 내며 여러분의 의견을 대변하면 기분이 좋아집니까? 만약 이 질문들에 그렇다는 대답을 한다면, 오늘 당장 바울이 했던 대로 행하겠다고 결단하십시오. 그래야 다음에 또 화를 내야 할 상황이 닥칠 때 준비될 수 있습니다.

인도자: *시간이 허락한다면, 그룹에서 한 명을 불러내 다른 사람을 부추겨서 함께 분노를 표출했던 경험을 나눠보십시오. 그리고 그와 더불어 이제 앞으로는 그런 비슷한 상황을 어떻게 다르게 극복할 수 있을지도 나눠보십시오.*

• 바울은 교회가 용서해야 하는 이유로 11절에서 무엇이라 말하고 있습니까?

• 용서하지 않는 것이 어떤 식으로 사탄에게 이용되는지 몇 가지 예를 나눠보십시오.

• 바울은 진정한 사랑을 행동으로 보여주었습니다. 그는 자신에게 잘못한 사람을 공격하지 않았고, 더불어 자기대신 다른 사람들이 그에게 공격하는 것도 허락하지 않았습니다. '사랑은 악한 것을 생각하지 않는 것'(고전 13:4–5)이라고 했습니다. 만약 모든 믿는 자들이 다 바울의 이러한 본을 따른다면, 교회뿐만 아니라 세상에 어떤 영향을 줄지 토론해보십시오.

누가복음 23:33-34

33해골이라 하는 곳에 이르러 거기서 예수를 십자가에 못 박고 두 행악자도 그렇게 하니 하나는 우편에, 하나는 좌편에 있더라

34이에 예수께서 이르시되 아버지 저들을 사하여 주옵소서 자기들이 하는 것을 알지 못함이니이다 하시더라 그들이 그의 옷을 나눠 제비 뽑을새

사도행전 7:59-60

59그들이 돌로 스데반을 치니 스데반이 부르짖어 이르되 주 예수여 내 영혼을 받으시옵소서 하고

60무릎을 꿇고 크게 불러 이르되 주여 이 죄를 그들에게 돌리지 마옵소서 이 말을 하고 자니라

관찰

이제 공부를 마치면서, 극심한 불의를 당하면서도 원한 대신 용서를 선택한 두 사람의 예를 살펴보겠습니다.

인도자: *누가복음 23:33-34과 사도행전 7:59-60을 읽어보십시오.*

- *그룹원들에게* ***사하여 주옵소서(forgive), 돌리지 마옵소서(do not hold this against)****라는 말에 대문자* ***X****를 표시하라고 요청하십시오.*

토론

- 예수님의 마지막 말씀은 무엇입니까? 스데반의 마지막 말은 무엇입니까?

- 그들이 받은 고난과 여러분이 당한 불의와 고통을 비교하면 어떻습니까?

- 바울, 예수님, 스데반을 통해 배운 것을 나눠보십시오. 그리고 그들이 보여준 용서의 본을 여러분의 삶 속에 어떻게 적용할지 나눠보십시오.

마 무 리

여러분은 정말 회복되고 싶습니까? 회복되기 위해서 하나님이 제시하신 방법을 따르겠습니까? 이 두 가지 질문은 여러분의 감정을 상하게 할 목적으로 드리는 것이 아닙니다. 오히려 여러분의 마음을 온전히 치유하기 위해 질문한 것입니다.

어떤 사람들은 자신의 상처, 고통, 질병을 사랑합니다. 그 이유는 무엇입니까? 바로 약점으로 인해 자신이 관심을 받고 동정을 받을 수 있다고 생각하기 때문입니다. 그래서 다른 사람 앞에서 자신들의 고통과 상처를 자랑스럽게 늘어놓습니다. 심지어 다른 사람이 자신에게 상처를 준 사람을 욕하는 것을 들으면서 왜곡된 평안을 누리기도 합니다. 그러므로 만약 상처가 치유된다면, 어떻게 그들에게 복수를 할 수 있겠습니까?

또 어떤 사람들은 상처를 부여잡고 자신을 합리화하고 자신의 약점과 실패를 정당화합니다. 그들은 "나는 상처받았기 때문에 이렇게 할 수밖에 없어. 넌 아무 것도 몰라"라고 생각합니다. 상처가 치유되면 변명거리가 사라지고 자신의 모습에 책임을 질수밖에 없겠지요!

또 어떤 사람들은 하나님과 하나가 되는 기쁨을 누리기보다 하나님께 화를 내는 일에 더 열심을 냅니다. 그들은 자신 안에 갇혀 자신을 포기하지 못합니다. 그들은 하나님께 순종하는 위험을 감수하려 하지 않고 하나님이 원하시는 모습이 되려고 하지도 않습니다.

어떤 사람들은 변화를 두려워합니다. 그들은 치유된 후의 삶을 두려워합니다. 다시 말해서, 고통을 느끼는 것에 '익숙해져' 있습니다. 고통과 더불어 사는 것에 익숙합니다. 자신들이 알지 못하는 것을 경험하는 것을 두려워하고, 새로운 삶을 받아들이기를 꺼려합니다.

많은 사람들이 너무나 분노하고, 고통스러워하며, 비참해하고, 비도덕적이고, 무뎌져서 치유란 불가능하고 생각할 수도 없는 것처럼 보입니다.

하지만 희망은 있습니다! 누구든 자유하기를 원하기만 하면, 더 이상 고통과 분노의 쇠사슬에 매여 있을 필요가 없습니다. 여러분은 정말 회복되기를 원하십니까? 회복되기 위해 하나님이 제시하신 대로 행하시겠습니까? 그렇다면, 주께서 옆에 서서 "마음이 상한 자를 고치며…포로된 자에게 자유를, 갇힌 자에게 놓임을 선포"할 것입니다(사 61:1).

이제 하나님 앞에 일대일로 나아가 여러분의 치유를 시작할 수 있도록 필요한 단계들을 밟아가십시오. 처음에는 힘들 수도 있습니다. 그러나 이를 통해 삶이 변화될 수 있습니다! 여러분의 삶이 용서의 능력으로 온전해질 때, 여러분은 하나님께서 세우신 계획과 목적을 더 능력 있게 수행할 수 있게 될 것입니다.

Kay Arthur와 프리셉트 국제 본부 사역에 대하여

프리셉트 국제 본부의 부총재이며 공동 설립자인 케이 아더(Kay Arthur)는 성경 교사, 저술가, 강사, 미국 내 라디오와 텔레비전 프로그램의 진행자이다.

케이 아더(Kay Arthur)와 그의 남편 잭 아더(Jack Arthur) 선교사는, 1970년에 미국 테네시 주 채터누가(Chattanooga)에 프리셉트성경연구원을 설립하였다. 이들은 10대 청소년들을 위한 미약한 사역으로부터 시작하였는데 오늘의 프리셉트는 어린이, 청소년, 그리고 성인들을 하나님의 말씀 안에 세워 그들 스스로 성경의 진리를 발견하도록 도와주기 위하여 범세계적으로 섬기고 있다. 프리셉트 귀납적 성경연구는 미국의 50개 주에서 진행되고 있고, 이 교재들은 149개국에 이르는 국가에서 70개 이상의 언어로 번역되었다.

데이빗(David)과 BJ 로슨(BJ Lawson)은 20년 이상 프리셉트성경연구원을 섬겨왔다. 목회를 9년 한 후, 그들은 프리셉트 국제 본부에 와서 학생 사역의 책임자이자 강사, 트레이너로 사역했다. 현재 데이빗은 교회와 프리셉트성경연구원 본부 사이의 관계를 책임지고 있으며, 귀납적 성경연구 시리즈(New Inductive Study Series)와 40분 교재 시리즈 저자로 섬기고 있다. BJ 로슨은 40분 교재 시리즈를 계속해서 쓰고 있으며, 프리셉트 교재를 가르치고 있다. 또한 이 시리즈들의 주편집자로, 개발자로 섬기고 있다.

PRECEPT BOOK LIST

Ⅰ. 리더십 · 성공

1 리더가 저지르기 쉬운 10가지 실수 한스 핀젤
2 리더십의 고지, 이렇게 점령하라! 김경섭
3 성공의 삶을 디자인하라 피터 허쉬
4 성공의 7가지 장애 김병삼
5 참된 성공에 이르는 비결 데이비드 쇼트
6 파워 리더 게리 R. 콜린스
7 파워 리더 여호수아 김경섭
8 파워 리더 느헤미야 김경섭
9 모세 지도력의 비밀 김경섭
10 명품리더십 김병삼
11 사사열전 김경섭

Ⅱ. 영성 · 자기 계발

1 감동을 창조하는 인간관계 윌리엄 J. 디엄
2 강한 그리스도인이 되는 12가지 원리 박종신
3 까다로운 사람들과 함께 만드는 교향곡 윌리엄 J. 디엄
4 당신은 건강한 그리스도인인가? R.C. 스프롤
5 당신은 포로인가? 프로인가? 토마스 화이트맨 외
6 복 있는 사람 고신일
7 성경적 E.Q 개발 크리스 터만
8 세상을 이기는 그리스도인 김연택
9 올해를 최고의 해로 만드는 52가지 방법 토드 템플
10 운명의 사슬에 도전하라 강경민
11 영적싸움에서 승리하는 비결 케이 아더
12 영성 회복을 위한 7가지 열쇠 스티븐 아터번 · 데이빗 스툽
13 인생의 길을 묻는 그대에게 제임스 돕슨
14 지혜로운 생테크 이렇게 하라 웨인 슈미트
15 축복의 언어 존 트렌트 · 게리 스몰리
16 흔들리지 않는 믿음 엘리자베스 엘리엇
17 고통의 의미 케이 아더
18 소망 케이 아더
19 하나님을 향한 마음 케이 아더
20 하나님의 주권 케이 아더
21 비전의 힘 마일즈 먼로
22 축복의 통로 래리 허커
23 너무도 소중한 나 짐 심발라 · 딘 메릴
24 영적 전투의 전략 워렌 W. 위어스비

Ⅲ. 가정 · 상담 · 치유

1 남성, 그 위대성의 본질 제임스 돕슨
2 마음 아픈 이들을 위하여 에이미 로스 멈포드
3 사랑은 강인해야 한다 제임스 돕슨
4 상처 입은 영혼의 치유 알프레드 엘스
5 성, 그 끝없는 유혹 케이 아더
6 숨겨진 상처를 드러내라 레스 카터 · 프랭크 미너쓰
7 아내 학대, 그 치유와 소망 준 헌트
8 아내를 사랑하는 10가지 방법 한스 핀젤
9 용기가 필요한 믿음의 여인들 레브라 에반스
10 행복한 결혼생활의 비결 케이 아더
11 우리 시대의 아픔과 사랑이야기 오성춘
12 영적 치유 케이 아더
13 자녀를 하나님의 사람으로 만드는 43가지 지혜
앤드류 머레이
14 하나님의 세미한 음성 케이 아더
15 주님, 내 중심에 말씀하소서 케이 아더
16 자녀와 함께 드리는 가정예배 프리셉트성경연구원
17 자녀들에게 들려주는 성 이야기 시리즈
(취학 전 아동, 초·중·고등학생) 존스 부처
18 감정 치유의 6단계 데이비드 클락

Ⅳ. 묵상 · 성경공부

1 큐티합시다 오대희
2 수험생을 위한 100일 묵상 프리셉트성경연구원
3 큐틴즈 양희만 · 이재학
4 일년일독 매일 묵상 주경로
5 입시생을 위한 묵상 김우영
6 큐티 첫걸음 프리셉트성경연구원
7 효과적인 경건의 시간 케이 아더

Ⅴ. 클래식 시리즈

1 온전한 순종 앤드류 머레이
2 D.L. 무디의 Secret Power D.L. 무디
3 인류 최고의 고전 그리스도를 본받아 토마스 아 켐피스
4 앤드류 머레이의 하늘문을 여는 기도 앤드류 머레이
5 찰스 스펄전의 은혜 찰스 스펄전
6 예수님이라면 어떻게 하실까? 찰스 쉘던
7 현대인을 위한 어거스틴의 참회록 성 어거스틴
8 현대인을 위한 참된 목자 리처드 백스터
9 현대인을 위한 성도의 공동생활 디트리히 본회퍼
10 현대인을 위한 죄 죽이기 존 오웬
11 현대인을 위한 천로역정 존 번연

Ⅵ. 어린이 · 청소년

1 놀라운 성경탐험 메리 홀링스워스
2 말씀으로 치유되는 십대들의 고민 50가지 필 첼머스
3 믿음이 쑥쑥 자라고 있어요 존 맥아더
4 예수님이라면 어떻게 하실까요? 찰스 쉘던
5 나의 사랑하는 성경(구약, 신약) 오대희

6 프리셉트 어린이 영어찬양 프리셉트성경연구원
7 하나님은 너를 사랑해 요한스미스 · 헬레나 스미스
8 파란 눈의 중국인 선교사 허드슨 테일러 캐서린 맥켄지
9 고아들의 영웅 조지 뮬러 아이린 호왓
10 코리 텐 붐 체스티 호프 바에즈
11 365일 이야기 그림 성경 엘시 이거마이어
12 청소년을 위한 구약개관 프리셉트성경연구원
13 벤허 루 윌리스
14 어린이를 위한 천로역정 존 번연

Ⅶ. 기도 · 신앙생활

1 기도하는 엄마들 펀 니콜스
2 기도하십니까? 후안 카를로스 오르티즈
3 너무너무 궁금한 질문 101가지 웨인 데이빗
4 교회, 처음 오셨어요? 윤지현
5 삶을 변화시킨 끄웨르바 이야기 김연수
6 아브라함의 생애 이규봉
7 홍정길 목사의 301가지 감동스토리 Ⅰ 홍정길
8 홍정길 목사의 301가지 감동스토리 Ⅱ 홍정길
10 왜 다윗인가? 강경민
11 언약, 신실하신 하나님의 약속 케이 아더
12 신앙생활 ABC 박광철
13 하나님, 솔직히 돈이 좋아요 김병삼
14 효과적인 복음전도 이렇게 하라 더글라스 포터
15 그리스도의 가상칠언 김경섭
16 하나님을 미소짓게 하는 이야기 김병삼
17 하나님을 눈물나게 하는 이야기 김병삼
18 희망을 노래하는 소나타 고신일
19 삶을 변화시키는 성령의 능력 해롤드 힐

Ⅷ. 목회 · 교회 · 교육

1 가정교회를 일으켜라 래리 크레이더
2 교육전도사 매뉴얼 정삼희
3 교회 인사 행정론 김경섭
4 교회성장의 한계 이렇게 돌파하라 칼 죠지
5 목회 혁신 라일리 쉘러
6 너희 마음의 소원을 이루리로다 홍정길 · 이동원 외
7 감사의 향기 홍정길 · 이동원 외
8 가장 귀한 선물 홍정길 · 이동원 외
9 효과적인 목회전략 토니모건 · 팀 스티븐스
10 성경이 말하는 방언 케이 아더
11 귀납적 성경연구 방법 케이 아더
12 성경을 효과적으로 가르치는 비결 케이 아더
13 예수 믿지 않는 사람들의 눈에 비친 교회 김병삼
14 열린 예배? 현대 예배! 김병삼
15 파워! 전도중심교회 김상현
16 영어성경으로 영어를 마스터하자 이용태
17 올드 앤 뉴 김우영 · 김병삼
18 장로교와 감리교 무엇이 다른가? 김우영
19 심방설교 핵심파일 프리셉트성경연구원
20 존 스토트 설교의 원리와 방법 안병만
21 청중을 사로잡는 설교자 캘빈 밀러
22 파워 설교 레그 그랜트 · 존 리드
23 팀사역 래리 길버트
24 팀으로 이끄는 교회 웨인 코디로
25 한국교회 목회자를 깨운다 김연택
26 원어로 여는 성경 안유섭
27 원어로 여는 로마서 1 안유섭
28 원어로 여는 로마서 2 안유섭
29 팀 시리즈 래리 길버트
30 하나님의 존재증거 케네스 보아 · 로버트 바우만
31 어린이들을 예수님께로 데이빗 스탈
32 십대를 변화시키는 라이프코칭 로저 크로스
33 진리를 갈망하다 래비 재커라이어스
34 나의 나 된 것은 하나님의 은혜라 케이 아더
35 하나님 이름에 숨겨진 비밀 케이 아더
36 네트워크 은사발견 사역 빌 하이벨스
37 위대한 교사 위대한 리더 게리 브레드펠트
38 성경길잡이 케이 아더
39 어린이 전도행전 홍영순
40 예수님의 비유를 풀어 쓴 천국 시크릿 김연수

Ⅸ. 핸드북

1 그리스도와 함께 앤드류 머레이
2 기도, 하나님과의 로망스 후안 카를로스 오르티즈
3 나를 연단하시는 하나님의 섭리 케이 아더
4 십자가 상의 일곱 마디 말씀 김경섭
5 소리나는 스프 홍정길
6 일상에서 배운 삶의 지혜 토드 템플
7 성공을 가로막는 일곱가지 장애 김병삼
8 성공을 디자인하는 삶의 비밀 피터 허쉬
9 인간관계, 감동으로 창조하라 윌리암 J. 디엄
10 영성회복을 위한 40가지 열쇠 피터 허쉬
11 토마스 아 켐피스의 그리스도를 본받아 토마스 아 켐피스

용서: 과거의 사슬 끊기

Precept

저자 | 케이 아더 · 데이빗 아더 & BJ 로슨
역자 | 이선숙

초판 1쇄 | 2012년 7월 20일

발행인 | 김경섭
국제총무 | 최복순
총무 | 김상현
기획국장 | 김현욱
사역부 | 박상철, 박소현
서적부 | 박진배, 신충경
편집부 | 조현영(팀장/ 편집), 고유영, 강한나(디자인), 박은실, 유지희

발행처 | 프리셉트선교회
등록번호 | 108-82-61175
일부총판 | (사) 두란노서원 Tel. (02) 2078-3333 Fax. 080-749-3705

서울시 동작구 사당5동 190-220 (우) 156-095
Tel. (02)588-2218 Fax. (02)588-2268 www.precept.or.kr
국민은행 772-21-0310-382(김경섭)

값 3,200원
ISBN 978-89-8475-556-7 04230
ISBN 978-89-8475-491-1 04230(세트)

독자 여러분의 의견을 기다립니다.
독자 전화 (02) 588-2218 / pmnqt@hanmail.net